Das WeightWatchers® KOCHBUCH

Das WeightWatchers® KOCHBUCH

Die 135 besten Rezepte

Genießen nach dem ProPoints® Plan

HEYNE

MIX
Papier aus verantwortungsvollen Quellen
FSC® C004229

Verlagsgruppe Random House FSC®-DEU-0100
Das für dieses Buch verwendete
FSC®-zertifizierte Papier *Hello Fat Matt 1,1*
liefert Condat, Le Lardin Saint-Lazare, Frankreich.

3. Auflage

www.heyne.de
Konzept und Redaktion: Maryna Zimdars
Redaktion und Projektleitung Weight Watchers: Claudia Koch
Rezeptentwicklung: The Food Professionals Köhnen AG, Sprockhövel
Umschlaggestaltung: Eisele Grafik-Design, München
Umschlagfotos: Barbara Lutterbeck
Innenfotos: Barbara Lutterbeck bis auf S. 7, 9, 10, 13: Weight Watchers
Foodstyling: Sonja Schubert
Satz: Buch-Werkstatt GmbH, Bad Aibling
Druck und Bindung: Druckerei Uhl, Radolfzell
Printed in Germany 2012

ISBN: 978-3-453-20017-3

Inhalt

Einführung

Weight Watchers – das Erfolgskonzept 6

Etwas Warmes braucht der Mensch

Suppen & Eintöpfe 14

Leckere Hauptsachen

Fleisch & Fisch 40

Immer satt sein

Kartoffeln, Reis & Pasta 94

Vitaminbomben

Gemüse & Salate 148

Das geht immer, auch zwischendurch

Snacks & Aufstriche 200

Kleine Belohnungen

Süße Speisen & Kuchen 220

Anhang

Register 248

Einführung

Weight Watchers – das Erfolgskonzept

Weight Watchers – essen, abnehmen und das Leben genießen

Gesundes Abnehmen mit Genuss und ein ausgewogener Lebensstil: Dafür steht Weight Watchers in Deutschland seit 40 Jahren. 1970 fand das erste Treffen in Düsseldorf statt – heute zählt Weight Watchers zu den bekanntesten Marken im Land. Weltweit gibt es rund 50000 Treffen, bei denen sich mehr als 1,4 Millionen Menschen über bewusste Ernährung austauschen und gegenseitig zum Durchhalten motivieren. Als größter Anbieter von Gewichtsmanagementprogrammen ist Weight Watchers mittlerweile in über 30 Ländern präsent.

Die Erfolgsstory begann im Jahr 1963 in den USA, als sich Jean Nidetch nach etlichen erfolglosen Diäten mit Freundinnen zusammenschloss, um ihr Übergewicht in den Griff zu bekommen. Der Austausch mit Gleichgesinnten in wöchentlichen Treffen brachte damals den gewünschten Effekt – und ist bis heute wichtigster Bestandteil des Weight Watchers Konzepts.

Die vier Bausteine des Weight Watchers Konzepts

Das Weight Watchers Konzept basiert auf den Standbeinen Ernährung, Motivation, Bewegung und Verhalten. Ähnlich wie bei einem Stuhl, der nur mit vier Beinen fest steht, macht die Kombination dieser vier Bereiche den Erfolg des Programms aus, das gemeinsam mit Ernährungswissenschaftlern, Medizinern, Bewegungstherapeuten und Psychologen entwickelt wurde.

Warum der *ProPoints®* Plan im Alltag eine gute Figur macht

Weight Watchers hat ein Ernährungsprogramm entwickelt, das laufend neueste Erkenntnisse berücksichtigt. Jeder Teilnehmer hat im Rahmen des Weight Watchers Programms einen täglichen *ProPoints®* Wert zur Verfügung, der anhand von Alter, Geschlecht, Gewicht und Größe ermittelt wird und von jedem individuell eingesetzt werden kann.

Der *ProPoints®* Plan: Kompass für ein leichteres Leben

Eine Umfrage, die Weight Watchers 18 Monate nach Einführung des *ProPoints®* Plans durchführte, zeigt, wie zufrieden die Teilnehmer mit dem Programm sind. Denn mit dem *ProPoints®* Plan sind die Teilnehmer im Ernährungsalltag besser gerüstet. Mit zahlreichen Neuerungen ist der *ProPoints®* Plan noch besser auf die Bedürfnisse der Teilnehmer zugeschnitten. Insbesondere die Flexibilität und Alltagstauglichkeit werden gelobt.

Motivation & Durchhalten

Das beste ernährungswissenschaftliche Konzept ist jedoch nur so gut wie seine Vermittlung. Deshalb ist der Dreh- und Angelpunkt des Weight Watchers Programms das wöchentliche Treffen, in dem das Programm von qualifizierten Coachs praxisnah vermittelt wird und die Teilnehmer nicht nur die notwendige Motivation und Unterstützung erhalten, sondern auch praktisches Ernährungswissen.

Abnehmen und schlank bleiben

Über eine gesunde Gewichtsreduktion – bis zu ein Kilogramm pro Woche – ermöglicht das Weight Watchers Konzept den Teilnehmern, Schritt für Schritt das individuell festgelegte Wunschgewicht zu erreichen.

Treffen oder Online oder beides kombinieren. Sie entscheiden:

Weight Watchers Treffen finden jede Woche auch in Ihrer Nähe statt. Sie werden von qualifizierten Coaches geführt, die das Programm praxisnah vermitteln. Die meisten haben selbst mit Weight Watchers abgenommen und seitdem ihr Gewicht gehalten. Jede Woche werden neue Themen behandelt, die Sie bei der Abnahme unterstützen.

Weight Watchers Online
Basierend auf dem Weight Watchers Konzept bietet das Online-Programm, als Alternative zum Treffen, Unabhängigkeit. Folgen Sie unserem Programm Schritt für Schritt online. Mit vielen Internet-Tools, über 1000 Rezepten und über 34000 Lebensmitteln aus unserer Datenbank sowie vielen Tipps und Tricks zu Ernährung, Gesundheit und Fitness.

Erfahren Sie noch mehr über und von uns auf www.weightwatchers.de

Ein Wochenende *mit Weight Watchers*

Tag 1 – Freitag: endlich Wochenende

Frühstück

Pro Person 7 ProPoints Wert

1 Brötchen, 2 TL Halbfettmargarine, 4 Scheiben Lachsschinken, 1 Handvoll Cocktailtomaten, 125 g Magermilchjoghurt, 1 Birne

Mittagessen

Pro Person 9 ProPoints Wert

Putenschnitzel in Orangen-Ingwer-Sauce
(Rezept Seite 42)

Abendessen

Pro Person 7 ProPoints Wert

Gemüse-Risotto
(Rezept Seite 123)

Snack

Pro Person 3 ProPoints Wert

Radieschen-Oliven-Quark
(Rezept Seite 206)

Tag 2 – Samstag: Freundin treffen

Frühstück

Pro Person 5 ProPoints Wert

1 Glas fettarme Milch, 1,5 % Fett, 2 EL Früchtemüsli, 1 Apfel, 1 Banane, 1 Kiwi

Mittagessen

Pro Person 11 ProPoints Wert

Rinderroulade mit Rosenkohl und Kartoffeln
(Rezept Seite 60)

Abendessen

Pro Person 5 ProPoints Wert

Rote Linsensuppe mit Currycroûtons
(Rezept Seite 24)

Snack

Pro Person 5 ProPoints Wert

Gemüsespieße mit Currysauce
(Rezept Seite 154)

Tag 3 – Sonntag: Zeit für die Familie

Frühstück

Pro Person 4 ProPoints Wert

1 Scheibe Pumpernickel, 2 EL Frischkäse, bis 5% Fett absolut, Gurkenscheiben, 1 Grapefruit mit 1 TL Honig

Mittagessen

Pro Person 10 ProPoints Wert

Tandoori-Hähnchen mit Gemüsereis
(Rezept Seite 50)

Abendessen

Pro Person 10 ProPoints Wert

Bratkartoffeln mit Paprika und Salat
(Rezept Seite 98)

Snack

Pro Person 2 ProPoints Wert

Bruschetta mit Bohnen
(Rezept Seite 210)

Etwas Warmes braucht der Mensch

Suppen & Eintöpfe

Frische Gemüsesuppe

1. Karotten und Gemüsezwiebel schälen und würfeln. Lauch waschen und in Ringe schneiden. Paprika waschen, entkernen und in Streifen schneiden.

2. Öl in einem Topf erhitzen, Zwiebelwürfel darin ca. 1 Minute braten. Karottenwürfel zugeben und kurz mitbraten. Gemüsebrühe angießen und die Karottenwürfel ca. 5 Minuten köcheln lassen.

3. Paprikastreifen und Lauchringe zugeben und ca. 5 Minuten mit köcheln lassen. Erbsen unaufgetaut zur Suppe geben. Suppe mit Pfeffer würzen und ca. 5 Minuten weiterkochen.

4. Schnittlauch waschen, trocken schütteln und in Ringe schneiden. Gemüsesuppe mit Schnittlauchringen bestreuen und servieren.

Für 2 Personen

4 mittelgroße Karotten
1 Gemüsezwiebel
2 Stangen Lauch
1 gelbe Paprikaschote
2 TL Pflanzenöl
1 Liter Gemüsebrühe
(3 TL Instantpulver)
200 g Erbsen (TK)
Pfeffer
1 Bund Schnittlauch

Pro Person
3 ProPoints® Wert

Zubereitungszeit: ca. 5 Minuten
Garzeit: ca. 20 Minuten

Brühe selbst gemacht

Mit wenigen Zutaten können Sie selber eine leckere Gemüsebrühe herstellen. Für 1 Liter Brühe geben Sie 500 g klein geschnittenes Gemüse (zum Beispiel Sellerie, Karotten, Lauch, Fenchel und Zwiebeln), 2 Lorbeerblätter, 2–3 Petersilienzweige in einen Topf und füllen mit 1 Liter kaltem Wasser auf. Suppe erhitzen, ca. 30 Minuten köcheln lassen, mit Pfeffer würzen, durch ein Sieb streichen, und die selbst gemachte Gemüsebrühe ist fertig. Die Brühe können Sie sehr gut einfrieren.

So haben Sie immer eine Zwischenmahlzeit mit dem ProPoints® Wert 0 im Haus. Mit ein paar Zutaten wird aus der Brühe schnell eine wohlschmeckende Hauptmahlzeit. Heiße Brühe weckt in der kalten Jahreszeit die Lebensgeister und sorgt für Wohlbefinden. Im Sommer schmeckt sie auch gut gekühlt und gewürzt.

Kartoffel-Tomaten-Suppe

1. Kartoffeln schälen und in Salzwasser ca. 20 Minuten garen. Kartoffeln abgießen und durch eine Kartoffelpresse drücken. Tomaten kreuzweise einritzen, mit kochendem Wasser überbrühen, häuten, entkernen und in kleine Würfel schneiden. Zwiebel schälen und fein würfeln. Knoblauch schälen und pressen.

2. Öl in einer Pfanne erhitzen, Zwiebelwürfel und Knoblauch darin glasig dünsten. Kartoffelmasse, Tomatenwürfel, Zitronensaft, Gemüsebrühe und Milch zugeben. Suppe kurz aufkochen und Petersilie zugeben. Suppe mit Salz und Pfeffer würzen und servieren.

Pro Person 9 ProPoints Wert

Zubereitungszeit: ca. 10 Minuten
Garzeit: ca. 30 Minuten

Für 1 Person

300 g mehligkochende Kartoffeln
Salz
4 Tomaten
1 Zwiebel
½ Knoblauchzehe
1 TL Olivenöl
½ TL Zitronensaft
125 ml Gemüsebrühe (½ TL Instantpulver)
125 ml fettarme Milch
1 EL gehackte Petersilie (frisch oder TK)
Pfeffer

Tomatensuppe
mit Parmesan

1. Zwiebel und Knoblauch schälen und fein hacken. Öl in einem Topf erhitzen und beides darin glasig dünsten.

2. Tomatenmark, Tomaten und Rosmarin zugeben. Rotwein und Gemüsebrühe angießen und unter Rühren ca. 5 Minuten etwas einkochen lassen.

3. Tomatensuppe mit Zucker, Zitronensaft, Salz und Pfeffer würzen. Tomatensuppe mit Parmesan bestreuen und servieren.

Pro Person
4 ProPoints Wert®

Zubereitungszeit: ca. 5 Minuten
Garzeit: ca. 10 Minuten

Für 1 Person

1 Zwiebel
1 Knoblauchzehe
1 TL Pflanzenöl
2 TL Tomatenmark
100 g geschälte Tomaten (Konserve)
½ TL gehackter Rosmarin (frisch oder getrocknet)
80 ml Rotwein
150 ml Gemüsebrühe (½ TL Instantpulver)
1 Prise Zucker
1 TL Zitronensaft
Salz
Pfeffer
1 EL geriebener Parmesan

Zucchini-Creme-Suppe
mit Croûtons

1. Zucchini waschen und in Scheiben schneiden. Schalotten und Knoblauch schälen und fein würfeln. Öl in einem Topf erhitzen, Zwiebel und Knoblauch darin glasig dünsten. Zucchinischeiben zugeben und kurz mitdünsten. Gemüsebrühe angießen, aufkochen und die Zucchinischeiben ca. 5 Minuten garen. Zucchinisuppe pürieren.

2. Thymian waschen, trocken schütteln und fein hacken, einen kleinen Teil davon beiseitestellen. Zucchinisuppe mit saurer Sahne, Thymian, Salz und Pfeffer würzen.

3. Für die Croûtons Toastbrot würfeln. Toastbrotwürfel in einer Pfanne fettfrei goldbraun anrösten. Zucchini-Cremesuppe mit restlichem Thymian und Croûtons bestreuen und servieren.

Für 4 Personen

4 Zucchini
4 Schalotten
2 Knoblauchzehen
1 TL Pflanzenöl
1,2 Liter Gemüsebrühe
(4 TL Instantpulver)
2 Zweige Thymian
120 g saure Sahne
Salz
Pfeffer
4 Scheiben Vollkorntoastbrot

Pro Person
3 ProPoints® Wert

Zubereitungszeit: ca. 10 Minuten
Garzeit: ca. 10 Minuten

Thymian

Die mediterrane Küche ist ohne Kräuter, insbesondere ohne Thymian, nicht vorstellbar. Er harmoniert besonders gut mit Knoblauch, Tomaten und Oliven und kann in der Küche vielfältig eingesetzt werden. Thymian hat ein sehr starkes Aroma, das auch bei längerem Kochen erhalten bleibt, und wird daher sparsam verwendet. Auch im berühmten Gewürzmix »Herbes de Provence« ist Thymian neben Rosmarin, Bohnenkraut, wildem Majoran, Oregano und Lavendel ein wesentlicher Bestandteil. Thymian mit seinem intensiven Aroma macht das Besondere vieler Mahlzeiten aus. Sein Name leitet sich vom griechischen Wort »Thumus« = Duft ab.
Dem Kraut wird neben der würzenden auch eine heilende Kraft nachgesagt: Es soll beruhigend, hustenlösend und stärkend wirken.

Karotten-Ingwer-Suppe

1. Zartweizen nach Packungsanweisung in Salzwasser garen. Karotten schälen und würfeln. Öl in einem Topf erhitzen und Karottenwürfel darin ca. 3 Minuten andünsten. Gemüsebrühe angießen und die Karotten ca. 20 Minuten garen. Ein Drittel der Karottenwürfel herausnehmen und die restliche Karottensuppe pürieren.

2. Sesamsamen in einer Pfanne fettfrei anrösten und beiseitestellen. Ingwer, Schmand, Petersilie, Zartweizen und Karottenwürfel unter die Karottensuppe rühren. Die Suppe mit Sesamsamen bestreuen und servieren.

Pro Person 4 ProPoints® Wert

Zubereitungszeit: ca. 10 Minuten
Garzeit: ca. 20 Minuten

Für 4 Personen

100 g trockener Zartweizen
Salz
800 g Karotten
1 TL Pflanzenöl
1 Liter Gemüsebrühe (3 TL Instantpulver)
2 TL geriebener Ingwer
2 EL Schmand
2 EL gehackte Petersilie (frisch oder TK)
2 TL Sesamsamen

Rote Linsensuppe
mit Currycroûtons

1. Tomaten kreuzweise einritzen, mit kochendem Wasser überbrühen und häuten. Zwiebeln und Karotten schälen und mit Tomaten in feine Würfel schneiden. 2 Teelöffel Öl in einem Topf erhitzen, Zwiebel-, Tomaten- und Karottenwürfel mit Linsen darin kurz andünsten. Gemüsebrühe angießen und das Gemüse ca. 10 Minuten garen.

2. Für die Currycroûtons Toastbrot in Würfel schneiden. Restliches Öl in einer Pfanne erhitzen, Toastbrotwürfel mit Currypulver bestäuben und darin rundherum anrösten. Suppe mit Salz, Pfeffer, Koriander und Kurkuma würzen. Suppe mit Croûtons und Schnittlauchringen bestreuen und servieren.

Pro Person 5 ProPoints Wert®

Zubereitungszeit: ca. 10 Minuten
Garzeit: ca. 10 Minuten

Für 4 Personen

8 Tomaten
3 Zwiebeln
4 Karotten
3 TL Pflanzenöl
120 g rote Linsen
1 Liter Gemüsebrühe (3 TL Instantpulver)
2 Scheiben Toastbrot
1 TL Currypulver
Salz
Pfeffer
gemahlener Koriander
Kurkuma (ersatzweise Currypulver)
4 TL Schnittlauchringe (frisch oder TK)

Nudel-Paprika-Suppe

Für 4 Personen

3 Zwiebeln
je 3 rote und grüne Paprikaschoten
1 TL Pflanzenöl
Salz
Pfeffer
Paprikapulver
1 Liter Gemüsebrühe (3 TL Instantpulver)
140 g trockene Suppennudeln

1. Zwiebeln schälen, Paprikaschoten waschen und entkernen und beides würfeln. Öl in einem Topf erhitzen, Paprika- und Zwiebelwürfel darin andünsten und mit Salz, Pfeffer und Paprikapulver würzen. Gemüsebrühe angießen, die Suppennudeln zugeben und zugedeckt ca. 10 Minuten garen.

2. Suppe mit Salz, Pfeffer und Paprikapulver abschmecken und servieren.

Pro Person
4 ProPoints Wert

Zubereitungszeit: ca. 5 Minuten
Garzeit: ca. 15 Minuten

Champignonsuppe

1. Zwiebeln schälen und fein würfeln. Champignons trocken abreiben und in Scheiben schneiden. Einige Champignonscheiben beiseitestellen.

2. Zwiebelwürfel in einem Topf in etwas Wasser andünsten. Champignonscheiben zugeben und unter Rühren kurz anbraten. Gemüsebrühe angießen, aufkochen und die Champignonscheiben ca. 10 Minuten garen.

3. Petersilie waschen und trocken schütteln. Etwas Petersilie beiseitestellen, restliche Petersilie fein hacken und in die Suppe rühren. Suppe mit Salz und Pfeffer würzen. Champignonsuppe mit restlichen Champignonscheiben mit Petersilie garnieren und servieren.

Für 2 Personen

2 Zwiebeln
500 g Champignons
2 EL Wasser
1 Liter Gemüsebrühe
(3 TL Instantpulver)
1 Bund Petersilie
Salz
Pfeffer

Pro Person
0 ProPoints Wert

Zubereitungszeit: ca. 10 Minuten
Garzeit: ca. 20 Minuten

Gemüsesuppe *mit Kohl*

1. Zwiebel, Kartoffeln und Karotte schälen. Weißkohl putzen und den Strunk entfernen. Zwiebel und Kartoffeln würfeln, Karotte in Scheiben und Weißkohl in Streifen schneiden. Öl in einem Topf erhitzen, Zwiebel- und Kartoffelwürfel, Karottenscheiben und Weißkohlstreifen darin ca. 3 Minuten andünsten. Gemüsebrühe angießen und das Gemüse zugedeckt ca. 25 Minuten schmoren.

2. Tomaten kreuzweise einritzen, mit kochendem Wasser überbrühen, häuten, entkernen und in Spalten schneiden. Okra waschen, mit Tomatenspalten in die Suppe geben und ca. 5 Minuten mitgaren.

3. Gemüsesuppe mit Erdnusscreme verfeinern, mit Salz und Cayennepfeffer würzen. Gemüsesuppe mit Zitronenmelisse bestreuen und servieren.

Pro Person

4 ProPoints Wert®

Zubereitungszeit: ca. 15 Minuten
Garzeit: ca. 30 Minuten

Für 1 Person

1 Zwiebel
100 g mehligkochende Kartoffeln
1 Karotte
200 g Weißkohl
1 TL Pflanzenöl
300 ml Gemüsebrühe (2 TL Instantpulver)
2 Tomaten
100 g Okra (ersatzweise grüne Stangenbohnen)
1 TL Erdnusscreme
Salz
Cayennepfeffer
einige Blätter Zitronenmelisse

Russischer Borschtsch

1. Rindfleisch trocken tupfen, in einem Topf mit kaltem Wasser aufsetzen und zugedeckt bei kleiner Hitze in ca. 30 Minuten garen.

2. Weißkohl putzen, vierteln und den Strunk entfernen. Weißkohl in Streifen schneiden. Lauch waschen und in Ringe schneiden. Kartoffeln schälen und mit Roter Bete würfeln. Knoblauch schälen und pressen. Knoblauch mit Weißkohlstreifen, Lauchringen, Kartoffel- und Rote-Bete-Würfeln, Kümmel und Gemüsebrühe zum Fleisch geben. Fleisch und Gemüse zugedeckt weitere 20 Minuten garen.

3. Fleisch herausnehmen, würfeln und in den Eintopf geben. Borschtsch mit Essig, Zucker, Salz und Pfeffer abschmecken. Einen Klecks saure Sahne auf den Eintopf geben und servieren.

Für 4 Personen

375 g mageres Rindfleisch
500 ml Wasser
1 kleiner Weißkohl
2 Stangen Lauch
400 g mehligkochende Kartoffeln
200 g vorgegarte Rote Bete (vakuumverpackt)
2 Knoblauchzehen
1 TL Kümmel
300 ml Gemüsebrühe (1 TL Instantpulver)
2 EL Weißweinessig
1 TL Zucker
Salz
Pfeffer
2 EL saure Sahne

Pro Person
5 ProPoints Wert

Zubereitungszeit: ca. 15 Minuten
Garzeit: ca. 50 Minuten

Minestrone
mit Reis

1. Zwiebel und Knoblauch schälen und fein hacken. Schinken in feine Würfel schneiden. Kartoffeln und Karotte schälen. Aubergine und Zucchini waschen. Kartoffeln und Gemüse ebenfalls würfeln. Lauch waschen und in Ringe schneiden.

2. Öl in einem Topf erhitzen, Zwiebel, Knoblauch und Schinken darin anbraten. Kartoffeln und Gemüse zugeben und mit andünsten. Gemüsebrühe und Tomaten angießen, Reis und Kräuter zugeben und alles zugedeckt ca. 15 Minuten garen.

3. Bohnen zum Eintopf geben und kurz erhitzen. Minestrone mit Salz, Pfeffer und Paprikapulver würzen und servieren.

Pro Person
7 ProPoints® Wert

Zubereitungszeit: ca. 10 Minuten
Garzeit: ca. 20 Minuten

Für 1 Person

1 Zwiebel
1 Knoblauchzehe
2 Scheiben roher Schinken
100 g festkochende Kartoffeln
1 Karotte
½ Aubergine
1 kleine Zucchini
1 Stange Lauch
1 TL Olivenöl
200 ml Gemüsebrühe (1 TL Instantpulver)
200 g geschälte Tomaten (Konserve)
1 EL trockener Reis
1 TL italienische Kräuter (TK)
2 EL weiße Bohnen (Konserve)
Salz
Pfeffer
Paprikapulver

Minestrone

Minestrone ist eine italienische Gemüsesuppe, die je nach Region unterschiedlich zubereitet wird. In diese bunte Suppe passt jedes Gemüse, so können Sie das Gemüse verwenden, das Sie gerade zur Hand haben. Anstatt mit gegartem Reis kann die Suppe auch mit Nudeln zubereitet werden. Besonders lecker schmeckt die Minestrone, wenn sie kurz vor dem Servieren mit frisch geriebenem Parmesan bestreut wird. Verwenden Sie pro Teller einen Esslöffel geriebenen Parmesan und berechnen Sie dafür den ProPoints® Wert 1.

Geflügeltopf
mit roten Linsen

1. Lauch waschen, Karotte und Sellerie schälen und alles grob zerkleinern. Hähnchenbrustfilet abspülen, trocken tupfen und mit Gemüse in einen Topf geben. Gemüsebrühe mit Wasser angießen, Gemüse und Hähnchenbrustfilet zugedeckt bei kleiner Hitze ca. 30 Minuten garen. Hähnchenbrustfilet abgießen, dabei 300 ml Brühe auffangen. Hähnchenbrustfilet in Streifen schneiden und Gemüse würfeln.

2. Tomaten kreuzweise einritzen, mit kochendem Wasser überbrühen, häuten, entkernen und in Spalten schneiden. Zwiebel schälen und fein würfeln. Öl in einem Topf erhitzen, Zwiebelwürfel und rote Linsen darin andünsten. Kurkuma darüberstäuben und aufgefangene Brühe angießen. Linsen zugedeckt ca. 5 Minuten garen.

3. Hähnchenbrustfiletstreifen, Gemüsewürfel und Tomatenspalten zu den Linsen geben und in der Suppe erhitzen. Geflügelsuppe mit Salz und Pfeffer abschmecken, mit Koriander bestreuen und servieren.

Für 1 Person

1 Stange Lauch
1 Karotte
100 g Knollensellerie
1 kleines Hähnchenbrustfilet (120 g)
300 ml Gemüsebrühe (1 TL Instantpulver)
200 ml Wasser
2 Tomaten
1 Zwiebel
1 TL Pflanzenöl
2 EL rote Linsen
1 TL Kurkuma
Salz
Pfeffer
1 TL gehackter Koriander (frisch oder getrocknet)

Pro Person
8 ProPoints Wert

Zubereitungszeit: ca. 15 Minuten
Garzeit: ca. 40 Minuten

Hühnertopf
mit Bohnen und Safran

Für 4 Personen

4 Lauchzwiebeln
4 kleine Stangen Lauch
8 Karotten
400 g Hähnchenbrustfilet
400 g grüne Bohnen (ersatzweise TK)
2 TL Pflanzenöl
1,2 Liter Hühnerbrühe (4 TL Instantpulver)
150 g trockene Suppennudeln
Salz
Pfeffer
2 Msp. Safran oder Kurkuma
4 EL Schnittlauchringe (frisch oder TK)

1. Lauchzwiebeln und Lauch waschen und in Ringe schneiden. Karotten schälen und in Scheiben schneiden. Hähnchenbrustfilet abspülen, trocken tupfen und in Streifen schneiden. Bohnen waschen.

2. Öl in einem Topf erhitzen, Hähnchenstreifen und Gemüse darin ca. 5 Minuten andünsten. Hühnerbrühe angießen, Suppennudeln zugeben und ca. 15 Minuten mitgaren. Hühnertopf mit Salz, Pfeffer und Safran würzen. Eintopf mit Schnittlauchringen bestreuen und servieren.

Pro Person
7 ProPoints Wert

Zubereitungszeit: ca. 10 Minuten
Garzeit: ca. 20 Minuten

Chili-Mais-Topf
mit Tatar

1. Chilischote waschen, entkernen und in feine Ringe schneiden. Knoblauch schälen und pressen. Öl in einem Topf erhitzen, Tatar, Chiliringe und Knoblauch darin braun anbraten. Tatarmasse mit Salz, Pfeffer und Paprikapulver kräftig würzen.

2. Tomaten, Mais und Kidneybohnen zum Tatar geben und aufkochen. Den Chili-Mais-Topf nochmals kräftig abschmecken, mit saurer Sahne garnieren und servieren.

Pro Person 8 ProPoints Wert

Zubereitungszeit: ca. 5 Minuten
Garzeit: ca. 10 Minuten

Für 1 Person

1 rote Chilischote
1 Knoblauchzehe
1 TL Pflanzenöl
90 g Tatar
Salz
Pfeffer
Paprikapulver
300 g geschälte Tomaten (Konserve)
2 EL Mais (Konserve)
3 EL Kidneybohnen (Konserve)
1 EL saure Sahne

Gulaschtopf
mit Paprika

1. Rindergulasch trocken tupfen und gegebenenfalls etwas kleiner schneiden. Zwiebeln schälen und würfeln. Karotten schälen und in Scheiben schneiden.

2. Öl in einem Topf erhitzen, Gulasch darin rundherum anbraten. Zwiebelwürfel und Karottenscheiben zufügen, mit Salz und Pfeffer würzen und unter Rühren ca. 3 Minuten mitbraten. Fond und Wasser angießen und das Fleisch ca. 20 Minuten garen.

3. Tomaten waschen und in Spalten schneiden, Paprikaschoten waschen, entkernen und in Streifen schneiden. Tomatenspalten und Paprikastreifen zum Gulasch geben und ca. 5 Minuten mitgaren. Gulasch mit Salz, Pfeffer, Paprikapulver und Majoran abschmecken und servieren.

Für 4 Personen

375 g Rindergulasch
4 Zwiebeln
4 Karotten
1 TL Pflanzenöl
Salz
Pfeffer
1 Liter Fleischfond (ersatzweise Gemüsebrühe)
500 ml Wasser
4 Tomaten
je 1 grüne und gelbe Paprikaschote
Paprikapulver
getrockneter Majoran

Pro Person
3 ProPoints Wert

Zubereitungszeit: ca. 10 Minuten
Garzeit: ca. 30 Minuten

Leckere Hauptsachen

Fleisch & Fisch

Putenschnitzel *in Orangen-Ingwer-Sauce*

1. Backofen auf 150 °C (Gas: Stufe 1, Umluft: 130 °C) vorheizen. Reis nach Packungsanweisung in Salzwasser garen. Putenschnitzel abspülen, trocken tupfen und mit Salz und Pfeffer würzen. Öl in einer Pfanne erhitzen, Schnitzel darin von jeder Seite 2–3 Minuten anbraten und herausnehmen. Auf ein mit Backpapier ausgelegtes Backblech legen, Schnitzel mit Erdnusscreme bestreichen und mit Kokosraspeln bestreuen. Im Backofen auf mittlerer Schiene ca. 15 Minuten garen.

2. Orangenschale von ½ Orange abreiben und den Saft der Orangen auspressen. Ingwer schälen und fein reiben. Bratensatz in der Pfanne mit Orangensaft aufkochen. Ingwer, Orangenschale und 100 ml Gemüsebrühe zufügen und ca. 10 Minuten köcheln lassen. Joghurt einrühren, danach nicht mehr kochen. Mit Zucker, Currypulver, Salz und Pfeffer würzen.

3. Chinakohl putzen, vierteln und den Strunk entfernen. Chinakohl in Streifen schneiden. Essig, restliche Brühe und Petersilie verrühren, mit Salz und Pfeffer würzen und mit dem Chinakohl vermengen. Putenschnitzel herausnehmen, mit Sauce, Reis und Salat servieren.

Für 4 Personen

120 g trockener Langkornreis
Salz
4 Putenschnitzel (à 120 g)
Pfeffer
3 TL Pflanzenöl
2 TL Erdnusscreme
1 EL Kokosraspel
2 unbehandelte Orangen
1 Stück Ingwer (ca. 4 cm)
140 ml Gemüsebrühe
(½ TL Instantpulver)
250 g fettarmer Joghurt
1 Prise Zucker
Currypulver
1 Chinakohl
3 EL Weißweinessig
2 EL gehackte Petersilie
(frisch oder TK)

Pro Person
9 ProPoints Wert

Zubereitungszeit: ca. 15 Minuten
Garzeit: ca. 45 Minuten

Putenrolle
mit Rosmarinkartoffeln

1. Backofen auf 175 °C (Gas: Stufe 2, Umluft: 155 °C) vorheizen. Backblech mit Öl einstreichen, Salz und Rosmarin darüberstreuen. Kartoffeln gründlich waschen, mit Schale längs halbieren und mit den Schnittflächen auf das Backblech legen. Kartoffeln im Backofen auf mittlerer Schiene ca. 45 Minuten garen.

2. Knoblauch schälen und pressen. Zitronenschale abreiben. Frischkäse mit Knoblauch, Zitronenschale und Kräutern verrühren, mit Salz und Pfeffer würzen. Putenbrustfilet waschen und trocken tupfen. Putenbrustfilet vorsichtig waagerecht aufschneiden, zu einer Platte aufklappen und mit Frischkäse-Masse bestreichen. Fleisch aufrollen und fest mit Alufolie umwickeln. Putenrolle zu den Rosmarinkartoffeln in den Backofen geben und ca. 30 Minuten garen.

3. Salat waschen, trocken schleudern und in mundgerechte Stücke zerkleinern. Tomaten waschen und in Spalten schneiden. Salat mit Tomatenspalten und Dressing mischen. Salat mit Putenrolle und Rosmarinkartoffeln servieren.

Für 4 Personen

4 TL Pflanzenöl
2 TL Salz
4 TL gehackter Rosmarin (frisch oder getrocknet)
1,2 kg festkochende Kartoffeln
2 Knoblauchzehen
1 unbehandelte Zitrone
4 EL Frischkäse, bis 1 % Fett absolut
4 TL gemischte Gartenkräuter (frisch oder TK)
Pfeffer
480 g Putenbrustfilet
1 Kopfsalat
4 Tomaten
1 Becher Weight Watchers Dressing Sylter Art

Pro Person 12 ProPoints Wert

Zubereitungszeit: ca. 10 Minuten
Garzeit: ca. 45 Minuten

Entenbrust
mit Broccoli und Mandeln

1. Entenbrustfilet abspülen und trocken tupfen. Fleisch in Streifen schneiden, mit Stärke bestäuben und einmassieren. Broccoli waschen und in Röschen teilen. Broccoliröschen in Salzwasser ca. 5 Minuten vorgaren. Broccoli eiskalt abschrecken und abtropfen lassen. Eiernudeln nach Packungsanweisung in Salzwasser garen.

2. Zwiebeln schälen und vierteln. Knoblauch schälen und fein hacken. Pilze trocken abreiben und halbieren. Mandeln im Wok fettfrei anrösten und beiseitestellen. Öl im Wok erhitzen und Knoblauch darin andünsten. Entenbrustfiletstreifen zufügen, mit Ingwer würzen und rundherum knusprig anbraten. Entenbrustfiletstreifen herausnehmen und beiseitestellen.

3. Zwiebelviertel, Broccoliröschen und Pilzhälften in den Wok geben, salzen und unter Rühren bei starker Hitze anbraten. Beide Sojasaucen mit Gemüsebrühe verrühren, angießen und aufkochen. Fleisch und Mandeln unterheben, mit Ingwer und Salz abschmecken. Nudeln abgießen und abtropfen lassen. Mit Fleischstreifen und Broccoli servieren.

Für 4 Personen

300 g Entenbrustfilet
  ohne Haut
1 TL Speisestärke
800 g Broccoli
Salz
180 g trockene chinesische
  Eiernudeln
4 Zwiebeln
1 Knoblauchzehe
200 g Shiitake Pilze
  (ersatzweise Champignons)
2 EL Mandeln
3 TL Sesamöl
  (ersatzweise Pflanzenöl)
gemahlener Ingwer
2 EL helle Sojasauce
2 EL süße Sojasauce
100 ml Gemüsebrühe
  (½ TL Instantpulver)

Pro Person
9 ProPoints Wert®

Zubereitungszeit: ca. 15 Minuten
Garzeit: ca. 15 Minuten

Hähnchenbrust *mit Mangochutney*

1. Knoblauch schälen und pressen. Mango schälen und das Fruchtfleisch vom Stein schneiden. Zwiebeln schälen. Paprikaschoten waschen und entkernen. Pfirsiche abtropfen lassen. Alles fein würfeln.

2. Öl in einem Topf erhitzen, Knoblauch und Zwiebelwürfel darin glasig dünsten. Mango-, Paprika- und Pfirsichwürfel zufügen und kurz andünsten. Mit Tomaten ablöschen.

3. Honig, Sojasauce und Tomatenmark unterrühren, mit Salz und Pfeffer würzen. Mangochutney bei kleiner Hitze ca. 30 Minuten einkochen lassen. Kräftig mit Salz, Pfeffer und Süßstoff abschmecken und das Chutney abkühlen lassen.

4. Hähnchenbrustfilet abspülen, trocken tupfen und in eine flache Auflaufform (ca. 20 x 30 cm) legen. Mangochutney darübergeben und über Nacht kalt stellen und ziehen lassen.

5. Backofen auf 200 °C (Gas: Stufe 3, Umluft: 180 °C) vorheizen. Hähnchenbrust mit Mangochutney auf mittlerer Schiene ca. 40 Minuten garen. Reis nach Packungsanweisung in Salzwasser garen. Hähnchenbrust und Mangochutney mit Reis servieren.

Für 4 Personen

1 Knoblauchzehe
1 kleine Mango (ca. 200 g)
2 kleine Zwiebeln
je 2 rote und gelbe Paprikaschoten
200 g Pfirsiche (Konserve, ohne Zucker)
1 TL Erdnussöl (ersatzweise Pflanzenöl)
600 g passierte Tomaten (Konserve)
4 TL Honig
2 EL Sojasauce
2 EL Tomatenmark
Salz
Pfeffer
einige Tropfen flüssiger Süßstoff
480 g Hähnchenbrustfilet
120 g trockener Langkornreis

Pro Person 7 ProPoints Wert

Zubereitungszeit: ca. 15 Minuten
Garzeit: ca. 1 Stunde 20 Minuten
Marinierzeit: ca. 12 Stunden

Curryhuhn *mit Mangold*

Joghurt, Mehl und Currypulver verrühren. Fleisch abspülen, trocken tupfen, in Streifen schneiden. Mit Marinade mischen und ca. 30 Minuten kalt stellen. Reis in Salzwasser garen. Knoblauch schälen und hacken. Karotten schälen und in Stifte schneiden. Mangold waschen, trocken schleudern und in Streifen schneiden. Öl erhitzen, Knoblauch und Karotten darin ca. 2 Minuten anrösten. Mangold zugeben und kurz andünsten. Fleischstreifen mit Marinade und Brühe zugeben und zugedeckt ca. 10 Minuten garen. Huhn mit Kreuzkümmel, Salz und Pfeffer würzen und mit Reis servieren.

Pro Person

7 ProPoints Wert

Zubereitungszeit: ca. 10 Minuten
Marinierzeit: ca. 30 Minuten
Garzeit: ca. 15 Minuten

Für 4 Personen

250 g fettarmer Joghurt
1 TL Mehl
2 TL Currypulver
360 g Hähnchenbrustfilet
120 g trockener Langkornreis
Salz, 2 Knoblauchzehen
2 Karotten, 600 g Mangold
(ersatzweise Spinat)
2 TL Pflanzenöl
125 ml Gemüsebrühe
(½ TL Instantpulver)
1 Msp. Kreuzkümmel
Pfeffer

Tandoori-Hähnchen
mit Gemüsereis

1. Hähnchenbrustfilet abspülen und trocken tupfen. In grobe Stücke teilen und mehrmals einschneiden, damit die Gewürze besser eindringen können. Mit Essig einreiben und mit Salz bestreuen. Ingwer schälen und fein reiben. Knoblauch schälen und pressen. Joghurt mit Knoblauch und Tandoori-Würzmischung verrühren. Fleisch mit Joghurtmarinade in einen Gefrierbeutel geben, gut verkneten, ca. 12 Stunden kalt stellen und marinieren.

2. Backofen auf 175 °C (Gas: Stufe 2, Umluft: 155 °C) vorheizen. Fleisch auf ein mit Alufolie ausgelegtes Backblech legen und im Backofen auf mittlerer Schiene ca. 30 Minuten garen.

3. Zwiebeln und Karotten schälen. Zwiebeln in Ringe und Karotten in Stifte schneiden. Spinat waschen, trocken schleudern und grob hacken. Öl in einem Topf erhitzen, Zimtstange, Nelken und Kardamomkapseln zufügen und kurz anrösten. Karottenstifte, Zwiebelringe und Erbsen zufügen und ca. 2 Minuten anbraten. Spinat unterheben und zusammenfallen lassen. Reis untermischen, Gemüsebrühe angießen. Gemüse und Reis mit Salz und Cayennepfeffer würzen, aufkochen und bei kleiner Hitze ca. 15 Minuten garen. Gemüsereis mit Salz und Cayennepfeffer abschmecken und mit Tandoori-Hähnchen servieren.

Für 4 Personen

480 g Hähnchenbrustfilet
4 EL Apfelessig
Salz
1 Stück Ingwer (ca. 4 cm)
2 Knoblauchzehen
250 g fettarmer Joghurt
3 EL Tandoori-Würzmischung
2 Zwiebeln
4 Karotten
200 g Blattspinat
(ersatzweise 100 g TK)
2 TL Pflanzenöl
1 Zimtstange
(ersatzweise ½ TL Zimtpulver)
2 Gewürznelken
4 Kardamomkapseln
200 g Erbsen (TK)
160 g trockener Basmatireis
500 ml Gemüsebrühe
(2 TL Instantpulver)
1 Prise Cayennepfeffer

Pro Person
10 ProPoints Wert

Zubereitungszeit: ca. 10 Minuten
Marinierzeit: ca. 12 Stunden
Garzeit: ca. 35 Minuten

Hähnchen-Spargel-Pfanne

1. Hähnchenbrustfilet abspülen, trocken tupfen und in Würfel schneiden. Fleischwürfel erst mit Speisestärke und anschließend mit Sesamöl vermischen. Weißen Spargel schälen und die holzigen Enden entfernen. Grünen Spargel waschen und das untere Drittel schälen. Spargel schräg in ca. 2 cm lange Stücke schneiden. Zitronengras waschen und in grobe Stücke schneiden. Öl in einer Pfanne erhitzen und Hähnchenbrustfiletwürfel darin ca. 3 Minuten rundherum anbraten. Mit Salz und Pfeffer würzen und herausnehmen.

2. Zitronengras- und Spargelstücke im Bratensatz unter Rühren ca. 5 Minuten braten. Saft der Zitrone auspressen. Gemüsebrühe und Zitronensaft angießen. Kokosnussmilch zugeben und alles ca. 5 Minuten köcheln lassen. Fleischwürfel unterheben, mit Zucker verfeinern, mit Sojasauce und Pfeffer abschmecken. Petersilie waschen und trocken schütteln. Hähnchen-Spargel-Pfanne anrichten, mit Kokoschips und Petersilie bestreuen und servieren.

Für 4 Personen

360 g Hähnchenbrustfilet
1 TL Speisestärke
2 TL Sesamöl (ersatzweise Pflanzenöl)
je 500 g weißer und grüner Spargel
2 Stängel Zitronengras
2 TL Pflanzenöl
Salz
Pfeffer
1 Zitrone
100 ml Gemüsebrühe (½ TL Instantpulver)
100 ml Kokosmilch
Sojasauce
1 Prise Zucker
einige Blätter Petersilie
20 g Kokoschips

Pro Person
6 ProPoints Wert®

Zubereitungszeit: ca. 20 Minuten
Garzeit: ca. 20 Minuten

Schweinefilet
mit Kartoffelgratin

Für 4 Personen

120 g saure Sahne
350 ml Gemüsebrühe
(1 ½ TL Instantpulver)
1 Msp. geriebene Muskatnuss
Salz
1 kg festkochende Kartoffeln
600 g Broccoli
200 g Erbsen (TK)
Pfeffer
4 Stücke Schweinefilet (à 150 g)
2 TL Pflanzenöl

1. Backofen auf 200 °C (Gas: Stufe 3, Umluft: 180 °C) vorheizen. Für den Guss saure Sahne mit 150 ml Gemüsebrühe verrühren und mit Muskatnuss und Salz würzen. Kartoffeln schälen und in feine Scheiben schneiden oder hobeln. Kartoffelscheiben und Guss abwechselnd in eine flache Auflaufform (ca. 20 x 30 cm) schichten, dabei mit Guss abschließen. Im Backofen auf mittlerer Schiene ca. 40 Minuten garen.

2. Broccoli waschen und in Röschen teilen. Restliche Gemüsebrühe aufkochen, Broccoliröschen und Erbsen zugeben und 10–12 Minuten garen. Gemüse abgießen und mit Salz, Pfeffer und Muskatnuss würzen.

3. Schweinefilets trocken tupfen (jeweils nach Belieben halbieren), mit Salz und Pfeffer würzen. Öl in einer Pfanne erhitzen, Filets darin von jeder Seite ca. 5 Minuten braten. Schweinefilets mit Kartoffelgratin und Gemüse servieren.

Pro Person 11® ProPoints Wert

Zubereitungszeit: ca. 20 Minuten
Garzeit: ca. 40 Minuten

Kräuterbraten

1. Knoblauch schälen und pressen. Erdnüsse hacken, mit Kräutern und 2 Teelöffeln Öl mischen. Mit Salz und Pfeffer würzen.

2. Schweinebraten trocken tupfen und so aufschneiden, dass eine flache Scheibe entsteht. Kräutermischung darauf verteilen, zusammenrollen und mit Küchengarn umwickeln. Restliches Öl in einem Bräter erhitzen und den Braten darin rundherum scharf anbraten.

3. Gemüsebrühe angießen und das Fleisch zugedeckt bei kleiner Hitze ca. 1 Stunde 30 Minuten schmoren. Kräuterbraten in Scheiben schneiden und servieren.

Für 6 Personen

2 Knoblauchzehen
2 EL Erdnüsse
5 EL italienische Kräuter (TK)
6 TL Olivenöl
Salz
Pfeffer
750 g mageren Schweinebraten
150 ml Gemüsebrühe (1 TL Instant)

Pro Person
5 ProPoints® Wert

Zubereitungszeit: ca. 15 Minuten
Garzeit: ca. 1 Stunde 30 Minuten

Der Braten zum Mitnehmen

Restlicher Kräuterbraten lässt sich ausgekühlt problemlos transportieren. Im Büro, in der Schule oder unterwegs können Sie dünne Bratenscheiben hervorragend als Brotbelag genießen. Kalt schmeckt der Braten besonders gut zu Salaten. Bereiten Sie z. B. einen Krautsalat zu: 1 Weißkohl in feine Streifen schneiden, salzen und etwas ziehen lassen. Mit 1 Karotte in Stiften vermengen und mit einem Dressing aus 1 Esslöffel Essig, 1 Esslöffel Apfelsaft und Petersilie würzen. Der ProPoints® Wert pro Person ändert sich nicht.

Gyros *mit Fladenbrot*

Filet trocken tupfen und in hauchdünne Scheiben schneiden. Öl erhitzen und Filetstreifen darin ca. 8 Minuten braten. Mit Pfeffer, Knoblauchsalz und Gyrosgewürz würzen. Knoblauch schälen und pressen, mit Joghurt, Pfefferminze und Salz verrühren. Kopfsalat waschen, trocken schleudern und zerteilen. Tomaten und Gurke waschen, Tomaten in Stücke und Gurke in Würfel schneiden. Zwiebeln schälen und in Ringe schneiden. Fladenbrot aufschneiden, mit Joghurtsauce bestreichen, Gemüse und Fleisch einfüllen. Mit übrigem Gemüse und restlicher Joghurtsauce servieren.

Pro Person 10 ProPoints Wert

Zubereitungszeit: ca. 10 Minuten
Garzeit: ca. 10 Minuten

Für 4 Personen

600 g Schweinefilet
2 TL Pflanzenöl
Pfeffer, Knoblauchsalz
2 TL Gyrosgewürz
1 Knoblauchzehe
250 g fettarmer Joghurt
1 TL getrocknete Pfefferminze
Salz
1 Kopfsalat
8 Tomaten
1 Salatgurke
2 Zwiebeln
4 Ecken Fladenbrot (à 75 g)

Schmorbraten
mit Rosmarinsauce

1. Backofen auf 220 °C (Gas: Stufe 4, Umluft: 200 °C) vorheizen. Knoblauch schälen, längs halbieren oder vierteln. Rosmarin waschen und trocken schütteln. Rinderfilet trocken tupfen. Mit einem spitzen Küchenmesser kleine Schnitte in das Rinderfilet schneiden. Knoblauch und 5 Rosmarinzweige in die vorbereiteten Taschen stecken.

2. Öl in einem Bräter verteilen. Rinderfilet hineingeben und im Backofen auf mittlerer Schiene ca. 10 Minuten braten. Zwiebeln schälen und grob würfeln. Champignons trocken abreiben. Zwiebelwürfel mit Champignons, restlichem Rosmarin und Rinderfond zum Filet geben und das Fleisch zugedeckt ca. 20 Minuten schmoren.

3. Kartoffeln schälen und in Salzwasser in ca. 20 Minuten garen. Broccoli waschen, in Röschen teilen und in Salzwasser ca. 12 Minuten garen.

4. Fleisch aus dem Bräter nehmen und abgedeckt einige Minuten ruhen lassen. Rosmarinsauce mit 100 ml Wasser auffüllen. Speisestärke mit restlichem Wasser anrühren, zugeben, aufkochen und ca. 2 Minuten köcheln lassen. Saure Sahne einrühren und die Sauce mit Salz und Pfeffer abschmecken. Kartoffeln und Broccoli abgießen. Fleisch in Scheiben schneiden und mit Rosmarinsauce, Kartoffeln und Broccoli servieren.

Für 4 Personen

4 große Knoblauchzehen
10 kleine Zweige Rosmarin
500 g Rinderfilet
1 EL Pflanzenöl
2 Zwiebeln
400 g Champignons
300 ml dunkler Rinderfond (Glas, ersatzweise Gemüsebrühe)
1 kg festkochende Kartoffeln
Salz
1 kg Broccoli
125 ml Wasser
2 EL Speisestärke
4 EL saure Sahne
Pfeffer

Pro Person
11 ProPoints® Wert

Zubereitungszeit: ca. 30 Minuten
Garzeit: ca. 40 Minuten

Rinderroulade
mit Rosenkohl und Kartoffeln

1. Gewürzgurke längs in Scheiben schneiden. Zwiebeln schälen, ½ Zwiebel in Streifen schneiden und den Rest grob zerkleinern. Roulade trocken tupfen, mit Senf bestreichen, salzen und pfeffern. Gurkenscheiben und Zwiebelstreifen darauflegen. Roulade aufrollen und mit Küchengarn festbinden oder mit Rouladennadeln feststecken.

2. Karotten schälen und grob zerkleinern. Öl in einer Pfanne erhitzen, Roulade darin rundherum scharf anbraten. Zerkleinerte Zwiebeln und Karotten zugeben und kurz mitbraten. Gemüsebrühe angießen und die Roulade zugedeckt ca. 40 Minuten schmoren.

3. Rosenkohl putzen und anschließend den Strunk kreuzförmig einritzen. Rosenkohl in Salzwasser mit Muskatnuss ca. 20 Minuten garen. Kartoffeln schälen und in Salzwasser ca. 20 Minuten garen.

4. Roulade aus der Pfanne nehmen. Sauce, Karotten und Zwiebeln fein pürieren. Roulade mit Rosenkohl, Kartoffeln und Sauce servieren.

Für 1 Person

1 kleine Gewürzgurke
2 Zwiebeln
1 Rinderroulade (150 g)
1 TL Senf
Salz
Pfeffer
2 Karotten
1 TL Pflanzenöl
100 ml Gemüsebrühe
(¼ TL Instant)
200 g Rosenkohl
1 Prise geriebene Muskatnuss
300 g festkochende Kartoffeln

Pro Person
11 ProPoints Wert

Zubereitungszeit: ca. 20 Minuten
Garzeit: ca. 40 Minuten

Züricher Geschnetzeltes

1. Reis nach Packungsanweisung in Salzwasser garen. Kalbfleisch trocken tupfen und in Streifen schneiden. Champignons trocken abreiben und in Scheiben schneiden. Zwiebeln schälen und mit Gewürzgurken würfeln. 2 Teelöffel Öl in einer Pfanne erhitzen, Kalbfleischstreifen darin ca. 2 Minuten rundherum anbraten und herausnehmen. Zwiebelwürfel im Bratensatz glasig dünsten. Champignonscheiben zugeben und unter gelegentlichem Rühren ca. 5 Minuten anbraten.

2. Weißwein, 100 ml Gemüsebrühe und 100 ml Milch angießen und aufkochen. Speisestärke mit restlicher Milch anrühren, zugeben und kurz köcheln lassen. Kalbfleisch und Gewürzgurkenwürfel zugeben, mit Salz und Pfeffer pikant würzen.

3. Für den Salat Gurken schälen, längs halbieren, mit einem Teelöffel entkernen und in Stücke schneiden. Schalotten schälen und würfeln. Schalottenwürfel mit Essig, restlichem Öl, übriger Brühe und Senf verrühren. Vinaigrette mit Salz, Pfeffer und Zucker würzen und mit den Gurkenscheiben vermischen. Züricher Geschnetzeltes mit Reis und Gurkensalat servieren.

Für 4 Personen

120 g trockener Naturreis
Salz
500 g mageres Kalbfleisch
250 g weiße Champignons
250 g braune Champignons
4 kleine Zwiebeln
8 Gewürzgurken
4 TL Pflanzenöl
200 ml Weißwein
125 ml Gemüsebrühe
(½ TL Instantpulver)
125 ml fettarme Milch
1 EL Speisestärke
Pfeffer
2 kleine Salatgurken
2 Schalotten
3 EL Weißweinessig
1 EL milder Senf
1 Prise Zucker

Pro Person
9 ProPoints Wert

Zubereitungszeit: ca. 20 Minuten
Garzeit: ca. 15 Minuten

Chili con Carne

Für 4 Personen

4 Zwiebeln
4 Knoblauchzehen
1 rote Chilischote
je 2 rote und grüne Paprikaschoten
400 g Tomaten
100 g Kidneybohnen (Konserve)
100 g Mais (Konserve)
1 EL Jalapeñoschotenringe (Konserve, ersatzweise grüne Chilischoten)
2 TL Pflanzenöl
300 g Tatar
Salz
Kreuzkümmel
1 EL gehackter Koriander (frisch oder getrocknet)
4 Scheiben Baguettebrot

1. Zwiebeln schälen und in Würfel schneiden. Knoblauch schälen und pressen. Chilischote waschen, entkernen und fein hacken. Paprikaschoten waschen, entkernen und in Würfel schneiden. Tomaten kreuzweise einritzen, mit kochendem Wasser überbrühen, häuten, entkernen und in Würfel schneiden. Kidneybohnen abspülen, mit Mais und Jalapeñoringen abtropfen lassen.

2. Öl in einer Pfanne erhitzen, Tatar darin krümelig anbraten. Zwiebeln, Knoblauch, Chilischote zum Tatar geben und kurz mitbraten. Tomaten- und Paprikawürfel zum Chili geben und zugedeckt ca. 15 Minuten schmoren. Kidneybohnen, Mais und Jalapeñoringe zugeben und ca. 5 Minuten mitgaren. Chili con Carne mit Salz, Kreuzkümmel und Koriander würzen und mit Baguettebrot servieren.

Pro Person 6 ProPoints Wert

Zubereitungszeit: ca. 10 Minuten
Garzeit: ca. 20 Minuten

Schmetterlingssteaks *provençale*

1. Backofen auf 200 °C (Gas: Stufe 3, Umluft: 180 °C) vorheizen. Knoblauch schälen und fein hacken. Die Hälfte mit Frischkäse, Kräutern der Provence und Eigelb verrühren. Masse mit Salz und Pfeffer würzen.

2. Schmetterlingssteaks trocken tupfen und mit Frischkäsemasse füllen. Mit Holzspießen feststecken und mit Salz und Pfeffer würzen. Fleisch in einen flachen Bräter (ca. 20 x 30 cm) legen. Die Hälfte der Gemüsebrühe angießen und das Fleisch im Backofen auf mittlerer Schiene ca. 20 Minuten schmoren.

3. Zwiebeln schälen und grob würfeln. Zucchini und Paprikaschoten waschen. Zucchini in Scheiben schneiden, Paprikaschoten entkernen und in breite Streifen schneiden. Öl in einer Pfanne erhitzen, Zwiebelwürfel, Zucchinischeiben, Paprikastreifen und übrigen Knoblauch darin ca. 2 Minuten anbraten. Restliche Gemüsebrühe angießen und das Gemüse bei kleiner Hitze ca. 10 Minuten schmoren. Cocktailtomaten waschen, halbieren, zugeben und kurz mitschmoren. Gemüse mit Salz und Pfeffer würzen. Schmetterlingssteaks mit Gemüse und Baguettebrötchenscheiben servieren.

Für 4 Personen

2 Knoblauchzehen
3 EL Frischkäse, bis 1 % Fett absolut
1 TL Kräuter der Provence
1 Eigelb
Salz
Pfeffer
4 Schmetterlingssteaks (Schweineschnitzel, à 150 g)
250 ml Gemüsebrühe (1 TL Instantpulver)
2 Zwiebeln
2 kleine Zucchini
2 gelbe Paprikaschoten
2 TL Olivenöl
150 g Cocktailtomaten
2 Baguettebrötchen

Pro Person 9 ProPoints Wert

Zubereitungszeit: ca. 15 Minuten
Garzeit: ca. 25 Minuten

Broccolipfanne
mit Schweinefleisch

1. Reis nach Packungsanweisung in Salzwasser garen. Schnitzel trocken tupfen und in kleine Würfel schneiden. Zwiebeln und Ingwer schälen, Zwiebeln würfeln und Ingwer fein reiben. Öl in einer Pfanne erhitzen, Schnitzelwürfel darin ca. 1 Minute scharf anbraten. Zwiebelwürfel und Ingwer zugeben und ca. 5 Minuten mitbraten.

2. Broccoli waschen und in kleine Röschen teilen. Gurke schälen, längs halbieren und mit einem Teelöffel entkernen. Paprikaschoten waschen, entkernen und mit Gurke in feine Streifen schneiden. Alles in die Pfanne geben und kurz mitbraten.

3. Geflügelbrühe, Zitronensaft und passierte Tomaten zugeben und ca. 10 Minuten köcheln lassen. Mit Salz, Pfeffer, Currypulver, Cayennepfeffer und Koriander würzen. Reis mit Sesamsamen vermischen und zur Broccolipfanne servieren.

Pro Person

7 ProPoints Wert

Zubereitungszeit: ca. 20 Minuten
Garzeit: ca. 20 Minuten

Für 4 Personen

120 g trockener Langkornreis
Salz
300 g Schweineschnitzel
4 Zwiebeln
1 Stück Ingwer (ca. 2 cm)
2 TL Pflanzenöl
Pfeffer
400 g Broccoli
1 kleine Salatgurke
2 rote Paprikaschoten
200 ml Geflügelbrühe
(1 TL Instantpulver)
1 EL Zitronensaft
200 g passierte Tomaten
(Konserve)
Currypulver
Cayennepfeffer
gemahlener Koriander
4 TL Sesamsamen

Scharfes Wokgemüse
mit Lamm

1. Lammfilet trocken tupfen und in Streifen schneiden. Zwiebel schälen und in feine Ringe schneiden. Knoblauch schälen und hacken. Paprikaschoten waschen und entkernen. Chinakohl putzen, vierteln und den Strunk entfernen. Chinakohl und Paprikaschoten in Streifen schneiden. Lauchzwiebeln und Zucchini waschen, Lauchzwiebeln in Ringe und Zucchini in Scheiben schneiden. Karotten schälen und in Stifte schneiden. Reis nach Packungsanweisung in Salzwasser garen. Bambussprossen abtropfen lassen.

2. Öl in einem Wok erhitzen, Lammfiletstreifen darin unter ständigem Rühren ca. 2 Minuten rundherum anbraten. Fleisch mit Salz und Pfeffer würzen. Filetstreifen an den Rand des Woks schieben. Bambussprossen und vorbereitetes Gemüse in den Wok geben, mit Sojasauce und Essig würzen und unter Rühren ca. 10 Minuten bissfest garen. Filetstreifen unterrühren und mit Ingwer- und Chilipulver abschmecken. Wokgemüse mit Lamm und Reis servieren.

Pro Person 7 ProPoints Wert®

Zubereitungszeit: ca. 10 Minuten
Garzeit: ca. 25 Minuten

Für 4 Personen

375 g Lammfilet
1 Zwiebel
2 Knoblauchzehen
je 1 rote und gelbe Paprikaschote
1 kleiner Chinakohl
1 Bund Lauchzwiebeln
1 Zucchini
4 Karotten
120 g trockener Duftreis (ersatzweise Basmatireis)
Salz
200 g Bambussprossen (Konserve)
3 TL Erdnussöl (ersatzweise Sonnenblumenöl)
Pfeffer
2 EL Sojasauce
1 TL Reisessig
Ingwerpulver
Chilipulver

Lammfilet
mit Kräuterkruste

Für 4 Personen

375 g Lammfilet
Salz
Zitronenpfeffer
(ersatzweise Pfeffer)
4 Knoblauchzehen
2 Zweige Rosmarin
2 Zweige Thymian
4 TL Olivenöl
2 EL Paniermehl
2 TL Senf
2 EL Tomatenmark
350 g mehligkochende Kartoffeln
200 g Karotten
1 Stange Lauch
2 rote Paprikaschoten
300 g Champignons
100 ml Gemüsebrühe
(½ TL Instantpulver)
1 TL Kräuter der Provence

1. Backofen auf 180 °C (Gas: Stufe 2, Umluft: 160 °C) vorheizen. Lammfilet trocken tupfen, mit Salz und Zitronenpfeffer würzen. Knoblauch schälen und pressen. Rosmarin und Thymian waschen, trocken schütteln und fein hacken. Öl in einer Pfanne erhitzen, Knoblauch und Lammfilet darin von jeder Seite ca. 1 Minute anbraten. In eine Auflaufform (ca. 20 x 30 cm) legen. Kräuter mit Paniermehl, Senf und Tomatenmark verrühren, mit Salz und Zitronenpfeffer würzen und auf dem Filet verstreichen. Im Backofen auf mittlerer Schiene ca. 10 Minuten garen.

2. Kartoffeln und Karotten schälen und würfeln. Lauch und Paprikaschoten waschen. Lauch in Ringe schneiden, Paprikaschoten entkernen und in Streifen schneiden. Champignons trocken abreiben und in Scheiben schneiden.

3. Kartoffel- und Karottenwürfel, Lauchringe, Paprikastreifen und Champignonscheiben im Bratensatz andünsten. Gemüsebrühe angießen und das Gemüse ca. 15 Minuten garen. Mit Salz, Zitronenpfeffer und Kräutern der Provence würzen und zum Lammfilet servieren.

Pro Person
7 ProPoints Wert

Zubereitungszeit: ca. 15 Minuten
Garzeit: ca. 25 Minuten

Gemüse-Reis-Pfanne
mit Lamm

1. Lammfilet trocken tupfen und in Würfel schneiden. Knoblauch schälen und pressen. Zwiebeln schälen und würfeln. Öl in einer Pfanne erhitzen, Lammfiletwürfel darin ca. 2 Minuten rundherum braten und herausnehmen. Knoblauch und Zwiebelwürfel im Bratensatz anbraten. Reis und Gemüsebrühe zufügen, mit Paprikapulver, Salz und Pfeffer würzen. Reis zugedeckt bei kleiner Hitze ca. 10 Minuten garen.

2. Aubergine, Zucchini, Paprikaschoten und Tomaten waschen und in Würfel schneiden. Gemüsewürfel zum Reis geben und das Gemüse ca. 20 Minuten garen. Lammfiletwürfel unterheben und kurz erwärmen. Gemüse-Reis-Pfanne mit Salz und Pfeffer abschmecken, mit Petersilie bestreuen und servieren.

Pro Person

9 ProPoints Wert®

Zubereitungszeit: ca. 15 Minuten
Garzeit: ca. 40 Minuten

Für 4 Personen

500 g Lammfilet
2 Knoblauchzehen
300 g Zwiebeln
4 TL Pflanzenöl
160 g trockener Langkornreis
300 ml Gemüsebrühe
(1 TL Instantpulver)
1 TL Paprikapulver
Salz
Pfeffer
1 Aubergine
2 Zucchini
je 1 gelbe, rote und grüne Paprikaschote
6 Tomaten
2 EL gehackte Petersilie
(frisch oder TK)

Fleischkuchen *mit Mais und Tomaten*

1. Mehl und Backpulver mischen, mit 1 Ei, Wasser und Salz zu einem glatten Teig verkneten. Teig zu einer Kugel formen und in Frischhaltefolie ca. 30 Minuten kalt stellen.

2. Zwiebel schälen. Paprikaschoten waschen, entkernen und mit Zwiebel würfeln. Öl in einer Pfanne erhitzen, Tatar, Zwiebel- und Paprikawürfel darin in ca. 5 Minuten braun braten und beiseitestellen. Oliven abtropfen lassen und in Scheiben schneiden. Cocktailtomaten waschen und halbieren. Mais abtropfen lassen. Schafskäse abtropfen lassen und zerbröckeln. 2 Esslöffel Schafskäse mit restlichen Eiern und Milch pürieren, mit Mais, Gemüse und restlichem Schafskäse zum Tatar geben. Masse mit Salz und Pfeffer würzen. Fleischtomate waschen und in Scheiben schneiden.

3. Backofen auf 200 °C (Gas: Stufe 3, Umluft: 180 °C) vorheizen. Teig zu einem Rechteck ausrollen und auf ein mit Backpapier ausgelegtes Backblech legen. Tatar-Gemüse-Masse darauf verteilen und Tomatenscheiben darauflegen. Im Backofen auf mittlerer Schiene ca. 35 Minuten backen.

Für 12 Stücke

400 g Mehl
1 TL Backpulver
3 Eier
150 ml Wasser
Salz
1 Zwiebel
je 1 rote und gelbe Paprikaschote
2 TL Pflanzenöl
420 g Tatar
10 grüne Oliven, mit Paprikafüllung
100 g Cocktailtomaten
200 g Mais (Konserve)
150 g Schafskäse light
125 ml fettarme Milch
Pfeffer
1 Fleischtomate

Pro Stück
6 ProPoints Wert

Zubereitungszeit: ca. 20 Minuten
Ruhezeit: ca. 30 Minuten
Garzeit: ca. 45 Minuten

Schwertfisch
in Safransauce

Für 4 Personen

120 g trockener Langkornreis
Salz
1 kleiner Romanesco
2 Schalotten
2 Knoblauchzehen
2 gelbe Paprikaschoten
1 TL Pflanzenöl
50 ml Sherry
300 ml Fischfond (Glas)
1 Prise Safranpulver
600 g Schwertfischfilet
1 EL Zitronensaft
6 Tomaten
Pfeffer

1. Reis nach Packungsanweisung in Salzwasser garen. Romanesco waschen, in Röschen teilen und in Salzwasser ca. 12 Minuten garen. Schalotten schälen und würfeln. Knoblauch schälen und pressen. Paprikaschoten waschen, entkernen und in feine Streifen schneiden. Öl in einem Topf erhitzen, Schalottenwürfel und Knoblauch darin kurz andünsten. Sherry und Fischfond angießen, Safranpulver unterrühren und aufkochen. Paprikastreifen zur Safransauce geben.

2. Schwertfisch abspülen, trocken tupfen und grob würfeln. Schwertfischwürfel mit Zitronensaft beträufeln und salzen. Tomaten kreuzweise einritzen, mit kochendem Wasser überbrühen, häuten, entkernen und fein würfeln.

3. Schwertfisch- und Tomatenwürfel in die Safransauce geben und bei kleiner Hitze ca. 10 Minuten gar ziehen lassen. Mit Salz und Pfeffer würzen. Schwertfisch in Safransauce mit Reis und Romanesco servieren.

Pro Person
9 ProPoints Wert

Zubereitungszeit: ca. 10 Minuten
Garzeit: ca. 30 Minuten

Limettenfisch
mit Nusskruste

1. Reis nach Packungsanweisung in Salzwasser garen. Backofen auf 200 °C (Gas: Stufe 3, Umluft: 180 °C) vorheizen. Kabeljaufilet abspülen, trocken tupfen, mit Limettensaft und Salz würzen. Zwiebel schälen und würfeln. Knoblauch schälen und pressen. Öl in einer Pfanne erhitzen, Zwiebelwürfel und Knoblauch darin kurz anbraten und Fischfond angießen. Cashewnüsse hacken.

2. Kabeljaufilet in eine Auflaufform (ca. 15 x 20 cm) geben, mit Zwiebel-Knoblauch-Fond begießen und mit Cashewnüssen bestreuen. Kabeljaufilet im Backofen auf mittlerer Schiene ca. 20 Minuten garen. Reis mit Kidneybohnen verfeinern und mit Limettenfisch servieren.

Pro Person
10 ProPoints Wert

Zubereitungszeit: ca. 5 Minuten
Garzeit: ca. 35 Minuten

Für 1 Person

40 g trockener Langkornreis
Salz
150 g Kabeljaufilet
1 EL Limettensaft
1 kleine Zwiebel
1 Knoblauchzehe
1 TL Pflanzenöl
2 EL Fischfond (aus dem Glas)
10 Cashewnüsse
1 EL Kidneybohnen (Konserve)

Lachsfilet *mit Fruchtsauce*

1. Reis nach Packungsanweisung in Salzwasser garen. Zwiebel schälen und in Würfel schneiden. Äpfel vierteln, entkernen, schälen und würfeln. Chilischote waschen, entkernen und in feine Streifen schneiden. Zwiebelwürfel in einer Pfanne in 1 Esslöffel Wasser glasig dünsten. Apfelwürfel und Chilistreifen zufügen, mit Ingwer und Currypulver bestäuben. Essig, Honig und restliches Wasser unterrühren, mit Zimtpulver, Salz und Pfeffer abschmecken. Sauce ca. 3 Minuten einkochen lassen.

2. Lachsfilet abspülen, trocken tupfen und mit Zitronensaft beträufeln und mit Salz und Pfeffer würzen. Öl in einer Pfanne erhitzen, Lachsfilet darin von jeder Seite 3–5 Minuten braten. Lachsfilet mit Fruchtsauce und Basmatireis servieren.

Pro Person
13 ProPoints Wert

Zubereitungszeit: ca. 10 Minuten
Garzeit: ca. 10 Minuten

Für 1 Person

40 g trockener Basmatireis
Salz
1 kleine Zwiebel
2 würzige Äpfel (z. B. Braeburn)
1 rote Chilischote (ersatzweise ½ TL Paprikapulver)
2 EL Wasser
½ TL gemahlener Ingwer
½ TL Currypulver
1 EL Apfelessig
2 TL Honig
Zimtpulver
Pfeffer
125 g Lachsfilet
1 TL Zitronensaft
1 TL Pflanzenöl

Schollenrollen
mit Orangensauce

Für 4 Personen

120 g trockene Wildreismischung
Salz
8 kleine Schollenfilets (à 70 g)
½ Zitrone
1 TL milder Senf
2 Schalotten
1 kleine Zucchini
1 kg junge Karotten
2 TL Pflanzenöl
200 ml Orangensaft
2 Knoblauchzehen
½ Bund frische Minze
4 EL Frischkäse,
bis 1 % Fett absolut
Pfeffer

1. Wildreismischung nach Packungsanweisung in Salzwasser garen. Schollenfilets abspülen und trocken tupfen. Saft der Zitronenhälfte auspressen. Schollenfilets mit Zitronensaft beträufeln, mit Salz würzen und mit Senf bestreichen. Schalotten schälen und fein hacken. Zucchini waschen, mit einem Sparschäler längs in Scheiben schneiden und auf den Schollenfilets verteilen. Schollenfilets aufrollen und mit Holzspießen feststecken.

2. Karotten schälen und das Grün bis auf ca. 2 cm abschneiden. Öl in einer Pfanne erhitzen, Karotten darin andünsten. Orangensaft angießen und die Karotten zugedeckt ca. 10 Minuten schmoren. Schollenrollen zugeben und ca. 10 Minuten garen. Backofen auf 100 °C (Gas: Stufe 1, Umluft: 80 °C) vorheizen. Karotten und Schollenrollen aus der Sauce nehmen und im Backofen warm stellen.

3. Knoblauch schälen und pressen. Minze waschen, trocken schütteln und fein hacken. Knoblauch und Minze mit Frischkäse in die Sauce geben. Sauce mit Salz und Pfeffer abschmecken und mit Reis zu den Schollenrollen und Karotten servieren.

Pro Person
7 ProPoints Wert

Zubereitungszeit: ca. 20 Minuten
Garzeit: ca. 20 Minuten

Rotbarschfilet
mit Paprikagemüse

1. Knoblauch schälen und pressen. Gemüsezwiebel schälen und in grobe Würfel schneiden. Paprikaschoten waschen, entkernen und in feine Streifen schneiden. Tomaten kreuzweise einritzen, mit kochendem Wasser überbrühen, häuten, entkernen und würfeln.

2. Öl in einer großen Pfanne erhitzen, Knoblauch und Zwiebelwürfel darin kurz andünsten. Paprikastreifen zugeben und kurz mitdünsten. Tomatenwürfel zufügen und mit Kräutersalz, Pfeffer, Paprikapulver, Essig und Zucker würzen.

3. Rotbarschfilet abspülen, trocken tupfen, mit Zitronensaft beträufeln und salzen. Fischfilet auf das Paprikagemüse legen und zugedeckt ca. 10 Minuten dünsten. Saure Sahne mit Dill verrühren und mit Salz und Pfeffer würzen. Rotbarschfilet mit Paprikagemüse, einem Klecks Dillcreme und Baguette servieren.

Pro Person 7 ProPoints Wert

Zubereitungszeit: ca. 15 Minuten
Garzeit: ca. 15 Minuten

Für 4 Personen

2 Knoblauchzehen
1 Gemüsezwiebel
je 3 rote und gelbe Paprikaschoten
4 Tomaten
2 TL Pflanzenöl
Kräutersalz
Pfeffer
Paprikapulver
1 EL heller Balsamicoessig
1 Prise Zucker
600 g Rotbarschfilet
2 EL Zitronensaft
Salz
4 EL saure Sahne
2 TL gehackter Dill (frisch oder TK)
4 Scheiben Baguette

Scholle *mit Kräuterkruste*

Ofen auf 200 °C (Gas: Stufe 3, Umluft: 180 °C) vorheizen. Filets abspülen, trocken tupfen und mit Zitronensaft beträufeln. Kräuter, Paniermehl und Margarine verrühren, mit Salz und Pfeffer würzen. Filets damit bestreichen und auf ein mit Backpapier ausgelegtes Blech legen. Im Ofen auf mittlerer Schiene ca. 15 Minuten garen. Aubergine und Zucchini waschen, Karotten schälen und alles würfeln. Brühe erhitzen, Gemüse zugeben und ca. 10 Minuten garen. Gemüse abgießen, salzen, pfeffern und mit Pinienkernen bestreuen. Kartoffelpüree zubereiten. Filets mit Gemüse und Kartoffelpüree servieren.

Pro Person 6 ProPoints Wert

Zubereitungszeit: ca. 15 Minuten
Garzeit: ca. 15 Minuten

Für 4 Personen

4 Schollenfilets (à 140 g)
1 TL Zitronensaft
2 EL gehackte Kräuter der Provence
2 EL Paniermehl
2 TL Halbfettmargarine
Salz, Pfeffer
1 Aubergine, 1 Zucchini
4 große Karotten
500 ml Gemüsebrühe (2 TL Instantpulver)
1 EL Pinienkerne
480 g verzehrfertiges Kartoffelpüree

Seelachs
mit grünem Pfeffer

1. Kartoffeln schälen und in Salzwasser ca. 20 Minuten garen. Seelachsfilet abspülen, trocken tupfen, salzen und pfeffern. Zwiebeln schälen und in Ringe schneiden. Paprikaschoten waschen, entkernen und würfeln. Knoblauch schälen und pressen. Schinken würfeln. Mais abtropfen lassen. Öl in einer Pfanne erhitzen, Schinkenwürfel darin ca. 1 Minute anbraten. Zwiebelringe zugeben und glasig dünsten. Paprikawürfel, Knoblauch und grüne Pfefferkörner zugeben und unter Rühren braten. Mais zufügen und Gemüsebrühe angießen. Gemüse mit Salz, Pfeffer und Paprikapulver würzen und zugedeckt bei mittlerer Hitze ca. 10 Minuten garen.

2. Seelachsfilet auf das Gemüse legen und zugedeckt ca. 10 Minuten mitgaren. Backofen auf 100 °C (Gas: Stufe 1, Umluft: 80 °C) vorheizen. Seelachsfilet herausnehmen und im Backofen warm stellen. Gemüse mit Schmand verfeinern, mit Salz und Pfeffer abschmecken. Kartoffeln abgießen. Seelachs, Salzkartoffeln und Gemüse mit Petersilie bestreuen und servieren.

Für 4 Personen

600 g festkochende Kartoffeln
Salz
450 g Seelachsfilet
Pfeffer
2 Zwiebeln
je 2 rote und gelbe Paprikaschoten
2 Knoblauchzehen
3 Scheiben gekochter Schinken
150 g Mais (Konserve)
2 TL Pflanzenöl
1 EL eingelegte grüne Pfefferkörner
150 ml Gemüsebrühe (½ TL Instantpulver)
Paprikapulver
1 EL Schmand
1 EL gehackte Petersilie (frisch oder TK)

Pro Person
7 ProPoints Wert

Zubereitungszeit: ca. 15 Minuten
Garzeit: ca. 30 Minuten

Spargel *mit Lachssteaks*

1. Spargel schälen und die holzigen Enden entfernen. Spargel in Salzwasser mit Zucker ca. 20 Minuten garen. Kartoffeln schälen und in Salzwasser ca. 15 Minuten garen. Backofen auf 100 °C (Gas: Stufe 1, Umluft: 80 °C) vorheizen.

2. Lachssteaks abspülen und trocken tupfen. Saft der Zitrone auspressen. Lachssteaks mit etwas Zitronensaft beträufeln und mit Pfeffer würzen. Zwiebel schälen und fein würfeln. Öl in einer Pfanne erhitzen, Lachssteaks darin von jeder Seite ca. 3 Minuten braten. Herausnehmen und im Backofen auf mittlerer Schiene warm stellen.

3. Zwiebelwürfel im Bratensatz glasig dünsten. Fischfond angießen. Speisestärke mit Wasser anrühren, in die Sauce rühren und aufkochen lassen. Frischkäse in die Sauce geben und mit restlichem Zitronensaft, Salz und Pfeffer würzen. Spargel und Kartoffeln abgießen. Erdbeeren waschen und trocken tupfen. Lachssteaks mit Sauce, Spargel und Kartoffeln anrichten, nach Wunsch mit Pinienkernen bestreuen, mit Erdbeeren garnieren und servieren.

Für 4 Personen

1,5 kg weißer Spargel
Salz
1 Prise Zucker
800 g junge festkochende Kartoffeln
4 Lachssteaks (à 125 g)
1 Zitrone
bunter Pfeffer
1 Zwiebel
2 TL Pflanzenöl
200 ml Fischfond (Glas)
1 TL Speisestärke
2 EL Wasser
1 EL Frischkäse, bis 1 % Fett absolut
1 EL Pinienkerne
einige Erdbeeren

Pro Person
12 ProPoints Wert

Zubereitungszeit: ca. 20 Minuten
Garzeit: ca. 25 Minuten

Kabeljaupfanne

1. Zartweizen nach Packungsanweisung in Salzwasser garen. Kabeljaufilet abspülen, trocken tupfen und in Würfel schneiden. Saft der Zitronenhälfte auspressen. Kabeljaufilet mit Zitronensaft beträufeln und salzen. Knoblauch schälen und pressen. Zwiebeln schälen und fein würfeln. Paprikaschoten waschen, entkernen und in Streifen schneiden. Zucchini und Tomaten waschen und in Würfel, getrocknete Tomaten in Stücke schneiden.

2. Öl in einer Pfanne erhitzen, Kabeljauwürfel darin 3–4 Minuten rundherum braten und herausnehmen. Zwiebelwürfel und Knoblauch im Bratensatz glasig dünsten. Paprikastreifen, Zucchiniwürfel, Tomatenwürfel und Tomatenstücke zu den Zwiebeln geben. Gemüsebrühe und Wein angießen und das Gemüse in ca. 5 Minuten garen. Zartweizen und Kabeljauwürfel untermischen und kurz erhitzen. Mit Salz und Pfeffer würzen, Basilikum und Thymian unterheben. Kabeljaupfanne servieren.

Pro Person
9 ProPoints Wert

Zubereitungszeit: ca. 15 Minuten
Garzeit: ca. 15 Minuten

Für 4 Personen

240 g trockener Zartweizen
Salz
450 g Kabeljaufilet
½ Zitrone
2 Knoblauchzehen
2 Zwiebeln
2 rote Paprikaschoten
1 Zucchini
4 Tomaten
20 g getrocknete Tomaten (ohne Öl)
2 TL Pflanzenöl
150 ml Gemüsebrühe (½ TL Instantpulver)
50 ml Weißwein
Pfeffer
2 EL gehacktes Basilikum (frisch oder TK)
1 TL gehackter Thymian (frisch oder getrocknet)

Garnelenpfanne
mit Spinat

1. Reis nach Packungsanweisung in Salzwasser garen. Tomaten kreuzweise einritzen, mit kochendem Wasser überbrühen, häuten, entkernen und fein würfeln. Orangen schälen und filetieren, dabei den Saft auffangen. Schalotten und Ingwer schälen und fein würfeln. Spinat waschen, trocken schleudern und grob hacken.

2. Öl in einer Pfanne erhitzen, Schalotten- und Ingwerwürfel darin goldbraun braten. Spinat zugeben und zusammenfallen lassen, mit Salz und Pfeffer würzen. Garnelen abspülen und trocken tupfen. Mit Tomatenwürfeln und Orangenfilets auf dem Spinat verteilen, Orangensaft angießen und die Garnelen zugedeckt ca. 5 Minuten gar ziehen lassen. Garnelenpfanne mit Reis servieren.

Für 4 Personen

200 g trockene Wildreismischung
Salz
4 Tomaten
2 Orangen
2 Schalotten
1 Stück Ingwer (ca. 3 cm)
300 g Blattspinat (frisch oder TK)
2 TL Pflanzenöl
Pfeffer
240 g küchenfertige Garnelen

Pro Person
7 ProPoints Wert

Zubereitungszeit: ca. 10 Minuten
Garzeit: ca. 25 Minuten

Immer satt sein

Kartoffeln, Reis & Pasta

Puffer
mit Tomatenquark

1. Karotte und Kartoffeln schälen. Zucchini waschen. Zucchini, Karotte und Kartoffeln fein reiben. Mit 1 Prise Salz vermengen und ca. 5 Minuten ruhen lassen, die austretende Flüssigkeit abgießen. Knoblauch schälen und pressen. Knoblauch und Ei unter die Gemüseraspel mischen. Mit Currypulver und Pfeffer würzen.

2. Öl in einer Pfanne erhitzen und darin kleine Gemüsepuffer von jeder Seite ca. 8 Minuten goldbraun backen.

3. Tomaten waschen. 1 Tomate würfeln, die übrige Tomate in Spalten schneiden. Schnittlauch waschen, trocken schütteln und in Ringe schneiden. Joghurt mit Quark und Mineralwasser glatt rühren, mit Salz und Pfeffer würzen. Tomatenwürfel und Schnittlauchringe untermischen. Tomatenquark mit Gemüsepuffern und Tomatenspalten servieren.

Für 1 Person

1 Karotte
250 g festkochende Kartoffeln
1 Zucchini
Salz
1 Knoblauchzehe
1 Ei
1 TL Currypulver
Pfeffer
2 TL Pflanzenöl
2 Tomaten
½ Bund Schnittlauch
150 g Magermilchjoghurt
3 EL Magerquark
2 EL kohlensäurehaltiges Mineralwasser

Pro Person
12 ProPoints® Wert

Zubereitungszeit: ca. 10 Minuten
Garzeit: ca. 20 Minuten

Tomate: rund und gesund

Tomaten bestehen hauptsächlich aus Wasser, daneben enthalten sie Mineralstoffe, vor allem Kalium und die Vitamine A, C und E. Kaufen Sie Tomaten mit Stielansatz, denn dieser schützt das Aroma. Am besten lagern Sie Tomaten dunkel, kühl und separat von anderen Lebensmitteln, da Tomaten eine Substanz absondern, die anderes Gemüse schneller verwelken lässt.
Zum Kochen eignen sich weiche, saftige Tomaten, die ein stärkeres Aroma haben. Tomaten schmecken fein mit frischen Kräutern wie Dill, Petersilie und Thymian. Besonders beliebt und bekannt ist Basilikum als aromatischer Begleiter.

Bratkartoffeln
mit Paprika und Salat

Für 1 Person

400 g festkochende Kartoffeln
Salz
1 TL Pflanzenöl
je 1 rote und gelbe Paprikaschote
1 Bund Lauchzwiebeln
½ Kopfsalat
½ Bund Radieschen
½ Becher Weight Watchers frisches Joghurt Dressing mit fruchtiger Zitronennote
Pfeffer
¼ TL gehackter Majoran (frisch oder getrocknet)
1 TL Schnittlauchringe (frisch oder TK)

1. Kartoffeln schälen und in Salzwasser ca. 20 Minuten garen. Kartoffeln abgießen, in Scheiben schneiden und salzen. Öl in einer Pfanne erhitzen, Kartoffelscheiben darin 10–15 Minuten knusprig und braun braten.

2. Paprikaschoten waschen, entkernen und in Streifen schneiden. Lauchzwiebeln waschen und in Ringe schneiden. Paprikastreifen und Lauchzwiebelringe zu den Kartoffeln geben und unter Rühren ca. 5 Minuten mitbraten.

3. Salat waschen, trocken schleudern und in mundgerechte Stücke zerteilen. Radieschen waschen und in Scheiben schneiden. Salat und Radieschenscheiben mit dem Weight Watchers Dressing vermengen.

4. Bratkartoffeln mit Salz, Pfeffer und Majoran würzen. Mit Schnittlauchringen bestreuen und mit Salat servieren.

Pro Person
10 ProPoints Wert

Zubereitungszeit: ca. 5 Minuten
Garzeit: ca. 35 Minuten

Kartoffel-Lauch-Waffeln

1. Lauch waschen und in feine Ringe schneiden. Lauchringe in kochendem Wasser ca. 2 Minuten blanchieren und gut abtropfen lassen. Kartoffeln schälen und reiben. Mit Lauchringen, Emmentaler, Ei, Kondensmilch und Kartoffelstärke vermengen. Kartoffel-Lauch-Masse mit Salz und Pfeffer würzen.

2. Ein Waffeleisen mit Öl auspinseln und nacheinander 2 Waffeln goldbraun backen. Knoblauch schälen und pressen. Saure Sahne mit Knoblauch und Kräutern verrühren, mit Salz und Pfeffer abschmecken und zu den Waffeln servieren.

Pro Person

13 ProPoints Wert

Zubereitungszeit: ca. 10 Minuten
Garzeit: ca. 20 Minuten

Für 1 Person

1 kleine Stange Lauch
250 g mehligkochende Kartoffeln
2 EL geriebener Emmentaler, 30 % Fett i. Tr.
1 Ei
4 TL Kondensmilch, 4 % Fett
1 EL Kartoffelstärke
Salz
Pfeffer
1 TL Pflanzenöl
½ Knoblauchzehe
2 EL saure Sahne
1 TL gehackte Gartenkräuter (frisch oder TK)

Gefüllte Frühlingskartoffeln

Für 4 Personen

800 g festkochende Kartoffeln
Salz
1 kleine Aubergine
1 kleine Zucchini
1 kleine Tomate
1 rote Zwiebel
1 TL Pflanzenöl
Pfeffer
2 TL gemischte gehackte Kräuter (frisch oder TK)
1 Kugel Mozzarella light
150 g fettarmer Joghurt
3 EL fettarme Milch
1 kleine Knoblauchzehe
Paprikapulver

1. Kartoffeln waschen und mit Schale in Salzwasser ca. 20 Minuten garen. Kartoffeln abgießen und pellen. Einen Deckel abschneiden und die Kartoffeln mit einem Teelöffel so aushöhlen, dass ein ca. 1 cm breiter Rand bleibt. Das Kartoffelinnere würfeln. Backofen auf 200 °C (Gas: Stufe 3, Umluft: 180 °C) vorheizen.

2. Aubergine, Zucchini und Tomate waschen. Zwiebel schälen und alles würfeln. Öl in einer Pfanne erhitzen, Gemüse- und Kartoffelwürfel darin ca. 5 Minuten andünsten. Mit Salz und Pfeffer würzen. Kräuter untermischen.

3. Mozzarella abtropfen lassen und würfeln. Kartoffeln mit Gemüse füllen und Mozzarella auf dem Gemüse verteilen. Kartoffeln in eine Auflaufform (ca. 25 x 35 cm) geben und im Backofen auf mittlerer Schiene ca. 15 Minuten überbacken.

4. Joghurt mit Milch verrühren. Knoblauch schälen, pressen und zugeben. Joghurtsauce mit Salz, Pfeffer und Paprikapulver pikant würzen und zu den gefüllten Kartoffeln servieren.

Pro Person
6 ProPoints Wert®

Zubereitungszeit: ca. 15 Minuten
Garzeit: ca. 40 Minuten

Kartoffeltorte
mit Krabben

1. Kartoffeln schälen und in Salzwasser ca. 20 Minuten garen. Zwiebeln schälen und würfeln. Knoblauch schälen und pressen. Kartoffeln abgießen und in dicke Scheiben schneiden. Öl in einer großen Pfanne erhitzen, Knoblauch und Zwiebelwürfel darin glasig dünsten. Kartoffelscheiben zugeben, mit Salz und Pfeffer würzen und unter ständigem Wenden ca. 5 Minuten leicht braun anbraten.

2. Krabben und Dill unter die Kartoffeln rühren. Eier verquirlen, über die Kartoffelmasse gießen und zugedeckt bei kleiner Hitze ca. 10 Minuten stocken lassen.

3. Kartoffeltorte vorsichtig auf einen großen Teller oder Deckel gleiten lassen und umgedreht wieder in die Pfanne geben. Kartoffeltorte weitere 10 Minuten stocken lassen, auf eine Platte stürzen und in 4 Stücke schneiden.

4. Für das Dressing Joghurt mit Orangensaft verrühren, mit Salz und Pfeffer würzen. Feldsalat waschen und trocken schleudern. Äpfel waschen, vierteln, entkernen und in Spalten schneiden. Feldsalat mit Apfelspalten mischen und das Dressing darübergeben. Salat mit Kartoffeltorte servieren.

Für 4 Personen

1 kg festkochende Kartoffeln
Salz
2 Zwiebeln
1 Knoblauchzehe
2 TL Pflanzenöl
Pfeffer
200 g frische Nordseekrabben
½ TL gehackter Dill
(frisch oder TK)
4 Eier
100 g fettarmer Joghurt
100 ml Orangensaft
400 g Feldsalat
2 Äpfel

Pro Person
9 ProPoints® Wert

Zubereitungszeit: ca. 20 Minuten
Garzeit: ca. 45 Minuten

Kartoffelpfanne *mit Tatar*

1. Kartoffeln schälen und in Salzwasser ca. 20 Minuten garen. Zwiebeln schälen und mit Schinken in Würfel schneiden. Zucchini waschen und würfeln. Kartoffeln abgießen und in Spalten schneiden.

2. Öl in einer Pfanne erhitzen, Zwiebel- und Schinkenwürfel darin unter Rühren kurz anbraten. Tatar zufügen, salzen, pfeffern und krümelig anbraten. Kartoffelspalten und Zucchiniwürfel zugeben und ca. 5 Minuten mitbraten. Gemüsebrühe angießen, mit Rosmarin würzen und alles ca. 5 Minuten garen.

3. Für den Salat Gurke schälen und in Scheiben schneiden. Kopfsalat waschen, trocken schleudern und in mundgerechte Stücke zerteilen. Für das Dressing saure Sahne mit Parmesan, Kräutern, Senf und Zucker verrühren. Mit Salz und Pfeffer abschmecken und Dressing über den Salat geben. Kartoffelpfanne mit Salz und Pfeffer abschmecken und mit Salat servieren.

Für 4 Personen

800 g festkochende Kartoffeln
Salz
2 Zwiebeln
160 g roher Schinken
3 Zucchini
2 TL Pflanzenöl
240 g Tatar
Pfeffer
75 ml Gemüsebrühe
(½ TL Instantpulver)
1 TL gehackter Rosmarin
(frisch oder getrocknet)
1 Salatgurke
1 Kopfsalat
150 g saure Sahne
2 EL geriebener Parmesan
2 TL gemischte gehackte Kräuter
(frisch oder TK)
1 TL Senf
1 Prise Zucker

Pro Person
9 ProPoints® Wert

Zubereitungszeit: ca. 20 Minuten
Garzeit: ca. 35 Minuten

Kartoffel-Gemüse-Pfanne

1. Kartoffeln schälen und in Salzwasser ca. 20 Minuten garen. Kartoffeln abgießen und in Scheiben schneiden. Knoblauch schälen und pressen. Zucchini, Aubergine und Paprikaschote waschen. Zwiebel schälen und mit dem Gemüse grob würfeln.

2. Öl in einer Pfanne erhitzen, Knoblauch und Zwiebelwürfel darin glasig dünsten. Kartoffelscheiben und Gemüse zugeben und ca. 5 Minuten braten.

3. Passierte Tomaten und Thymian zugeben und bei mittlerer Hitze unter Rühren ca. 10 Minuten mitgaren. Kartoffelpfanne mit Salz und Pfeffer abschmecken und servieren.

Für 1 Person

300 g festkochende Kartoffeln
Salz
1 Knoblauchzehe
1 Zucchini
1 Aubergine
1 rote Paprikaschote
1 Zwiebel
1 TL Olivenöl
300 g passierte Tomaten (Konserve)
½ TL Thymian (frisch oder getrocknet)
Pfeffer

Pro Person
7 ProPoints Wert

Zubereitungszeit: ca. 10 Minuten
Garzeit: ca. 35 Minuten

Würziger Kartoffelkuchen

1. Kartoffeln schälen und in Salzwasser ca. 20 Minuten garen. Backofen auf 175 °C (Gas: Stufe 2, Umluft: 155 °C) vorheizen. Schinken in feine Streifen schneiden. Kartoffeln abgießen, ausdampfen lassen und fein zerstampfen oder durch eine Kartoffelpresse drücken. Mit Eiern, Mehl und Backpulver zu einem glatten Teig verkneten. Schinkenstreifen, Kräuter und Käse untermengen. Kartoffelmasse mit Muskatnuss, Paprikapulver, Salz und Pfeffer würzen.

2. Kartoffelmasse auf ein mit Backpapier ausgelegtes Backblech streichen. Im Backofen auf mittlerer Schiene ca. 20 Minuten backen.

3. Für das Dressing Joghurt mit Orangensaft verrühren, mit Salz und Pfeffer würzen. Chinakohl waschen, vierteln und den Strunk entfernen. Chinakohl in Streifen schneiden und mit Dressing vermengen. Kartoffelkuchen in Rauten schneiden und mit Chinakohlsalat servieren.

Für 4 Personen

1 kg mehligkochende Kartoffeln
Salz
2 Scheiben gekochter Schinken
2 Eier
90 g Mehl
½ TL Backpulver
4 TL gemischte gehackte Kräuter (frisch oder TK)
80 g geriebener Käse, 30 % Fett i. Tr.
geriebene Muskatnuss
Paprikapulver
Pfeffer
100 g fettarmer Joghurt
100 ml Orangensaft
1 Kopf Chinakohl

Pro Person
11 ProPoints Wert

Zubereitungszeit: ca. 10 Minuten
Garzeit: ca. 40 Minuten

Tipp

Statt Orangensaft können Sie auch 1–2 Orangen schälen und filetieren, dabei den Saft auffangen und für die Salatsauce verwenden. Die Orangenfilets unter den Chinakohl mischen.

Schinken-Spinat-Pasteten

1. Kartoffeln waschen und mit Schale in Salzwasser ca. 15 Minuten kochen. Abgießen, ausdampfen lassen und pellen.

2. Zwiebel schälen und mit Schinken fein würfeln. 1 Teelöffel Öl in einem Topf erhitzen, Schinken- und Zwiebelwürfel darin ca. 5 Minuten andünsten. Spinat zugeben und auftauen lassen, Emmentaler unterrühren. Spinat mit Salz, Pfeffer und Muskatnuss würzen. Backofen auf 200 °C (Gas: Stufe 3, Umluft: 180 °C) vorheizen.

3. Kartoffeln durch eine Kartoffelpresse drücken und mit Ei, Hartweizengrieß und Speisestärke zu einem glatten Teig verkneten. Masse mit Salz, Pfeffer und Muskatnuss würzen und in 4 Portionen auf ein mit Backpapier ausgelegtes Backblech legen.

4. Teig mit einem Löffelrücken etwas flach drücken. Schinken-Spinat-Masse auf die Mitte der Teigstücke geben und den Teigrand mit Hilfe eines Messers hochziehen. Pasteten im Backofen auf mittlerer Schiene ca. 15 Minuten backen.

5. Champignons trocken abreiben und in Scheiben schneiden. Restliches Öl in einer Pfanne erhitzen, Champignonscheiben darin ca. 5 Minuten dünsten. Mit Salz, Pfeffer und Zitronensaft würzen. Champignons mit Petersilie bestreuen und zu den Schinken-Spinat-Pasteten servieren.

Für 2 Personen

250 g mehligkochende Kartoffeln
Salz
1 Zwiebel
2 Scheiben roher Schinken
3 TL Pflanzenöl
200 g Blattspinat (TK)
3 EL geriebener Emmentaler, 30 % Fett i. Tr.
Pfeffer
1 Prise geriebene Muskatnuss
1 Ei
4 EL trockener Hartweizengrieß
2 EL Speisestärke
300 g Champignons
einige Tropfen Zitronensaft
1 TL gehackte Petersilie (frisch oder TK)

Pro Person
10 ProPoints Wert

Zubereitungszeit: ca. 25 Minuten
Garzeit: ca. 40 Minuten

Kartoffel-Gemüse-Wok

Für 1 Person

200 g festkochende Kartoffeln
Salz
120 g Kalbsschnitzel
1 gelbe Paprikaschote
2 Karotten
2 Lauchzwiebeln
1 TL Pflanzenöl
125 ml Gemüsebrühe
(½ TL Instantpulver)
1 TL Speisestärke
Pfeffer
Paprikapulver

1. Kartoffeln schälen und in Salzwasser ca. 20 Minuten garen. Kalbsschnitzel trocken tupfen. Paprikaschote waschen, entkernen und mit Kalbsschnitzel in dünne Streifen schneiden. Karotten schälen und in Stifte schneiden. Lauchzwiebeln waschen und in Ringe schneiden. Kartoffeln abgießen und in Scheiben schneiden.

2. Öl in einem Wok oder einer großen Pfanne erhitzen, Schnitzelstreifen darin ca. 2 Minuten rundherum anbraten. Paprikastreifen, Kartoffelscheiben, Karottenstifte und Lauchzwiebelringe zugeben und ca. 5 Minuten braten.

3. Kartoffel-Gemüse-Wok mit 100 ml Gemüsebrühe ablöschen. Speisestärke mit restlicher Brühe anrühren, zugeben und ca. 2 Minuten leicht köcheln lassen. Kartoffel-Gemüse-Wok mit Salz, Pfeffer und Paprikapulver pikant würzen und servieren.

Pro Person
8 ProPoints Wert

Zubereitungszeit: ca. 10 Minuten
Garzeit: ca. 35 Minuten

Paprika

Spinatgnocchi
mit Tomatensauce

1. Kartoffeln schälen und in Salzwasser ca. 20 Minuten garen. Spinat waschen, trocken schleudern und fein hacken. Oder TK-Spinat auftauen lassen, gut ausdrücken und fein hacken. Kartoffeln abgießen, ausdampfen lassen und durch eine Kartoffelpresse drücken. Mit Ei, Speisestärke, Grieß und Spinat zu einem Teig verkneten. Kartoffelmasse mit Salz, Pfeffer und Muskatnuss würzen.

2. Tomaten kreuzweise einritzen, mit kochendem Wasser überbrühen, häuten und würfeln. Knoblauch schälen und pressen. Öl in einem Topf erhitzen, Knoblauch darin kurz dünsten. Tomatenwürfel zugeben und bei kleiner Hitze ca. 10 Minuten köcheln lassen. Mit Kräutersalz und Pfeffer pikant würzen.

3. Aus der Kartoffelmasse kleine Knödel formen und mit einer Gabel eine Vertiefung in die Mitte drücken. Gnocchi in siedendem Salzwasser ca. 10 Minuten gar ziehen lassen, bis sie an der Oberfläche schwimmen. Gnocchi mit einer Schaumkelle aus dem Topf nehmen und abtropfen lassen. Mit Tomatensauce und Parmesan bestreut servieren.

Für 2 Personen

400 g mehligkochende Kartoffeln
Salz
300 g Blattspinat
(ersatzweise TK)
1 Ei
3 EL Speisestärke
3 EL trockener Hartweizengrieß
Pfeffer
geriebene Muskatnuss
5 Tomaten
2 Knoblauchzehen
2 TL Pflanzenöl
Kräutersalz
2 EL geriebener Parmesan

Pro Person
10 ProPoints Wert

Zubereitungszeit: ca. 10 Minuten
Garzeit: ca. 30 Minuten

Fenchel-Risotto

1. Zwiebeln schälen und würfeln. Öl in einem Topf erhitzen, Zwiebelwürfel und Risottoreis darin glasig andünsten. Gemüsebrühe angießen und den Reis ca. 15 Minuten garen.

2. Fenchelgrün beiseitelegen. Fenchel waschen, längs halbieren und den Strunk entfernen. Fenchel in feine Streifen schneiden. Fenchelstreifen zum Risotto geben und ca. 10 Minuten mitgaren. Risotto mit Salz und Pfeffer würzen.

3. Roquefort grob zerbröckeln oder in Würfel schneiden. Risotto auf Teller verteilen, mit Roquefort und Fenchelgrün bestreuen und servieren.

Für 4 Personen

2 Zwiebeln
1 TL Pflanzenöl
180 g trockener Risottoreis
350 ml Gemüsebrühe
(1 TL Instantpulver)
4 Knollen Fenchel
Salz
grob gemahlener Pfeffer
100 g Roquefort

Pro Person
7 ProPoints Wert®

Zubereitungszeit: ca. 10 Minuten
Garzeit: ca. 25 Minuten

Schnelle Reispfanne

1. Basmatireis nach Packungsanweisung in Salzwasser garen. Paprikaschoten waschen, entkernen und würfeln. Mais abtropfen lassen. Öl in einer Pfanne erhitzen, Reis darin ca. 3 Minuten anbraten. Paprikawürfel mit Mais und Erbsen zum Reis geben und kurz braten.

2. Joghurt mit Kurkuma, Zitronensaft, Salz und Pfeffer verrühren. Reispfanne anrichten und Joghurtsauce darübergeben. Reispfanne mit Petersilie bestreuen und servieren.

Pro Person 7 ProPoints Wert

Zubereitungszeit: ca. 5 Minuten
Garzeit: ca. 25 Minuten

Für 4 Personen

160 g trockener Basmatireis
Salz
je 2 rote und gelbe Paprikaschoten
200 g Mais (Konserve)
1 TL Pflanzenöl
200 g Erbsen (TK)
300 g Magermilchjoghurt
1 ½ TL Kurkuma (ersatzweise Currypulver)
3 EL Zitronensaft
Pfeffer
4 EL gehackte Petersilie (frisch oder getrocknet)

Paella

1. Hähnchenflügel abspülen, trocken tupfen und von beiden Seiten mit Salz, Pfeffer und Paprikapulver würzen. Garnelen abspülen und trocken tupfen. Paprikaschoten waschen, entkernen und in Streifen schneiden. Tomaten kreuzweise einritzen, mit kochendem Wasser überbrühen, häuten, entkernen und in Würfel schneiden.

2. Öl in einer großen Pfanne erhitzen, Hähnchenflügel darin von beiden Seiten ca. 5 Minuten knusprig braten. Herausnehmen und beiseitestellen. Garnelen im Bratensatz ca. 4 Minuten rundherum anbraten. Garnelen aus der Pfanne nehmen.

3. Reis in die Pfanne geben und im Bratensatz glasig andünsten. Paprikastreifen und Tomatenwürfel zugeben, mit Salz, Pfeffer und Paprikapulver würzen und ca. 2 Minuten andünsten. Safran in Gemüsebrühe auflösen und die Brühe angießen. Reis bei kleiner Hitze ca. 15 Minuten garen.

4. Erbsen, Garnelen, Hähnchenflügel und Muscheln unterheben und 5–8 Minuten mitgaren. Paella mit Paprikapulver abschmecken und servieren.

Für 4 Personen

4 Hähnchenflügel (à 50 g)
Salz
Pfeffer
Paprikapulver
120 g küchenfertige Garnelen
je 1 rote, gelbe und grüne Paprikaschote
4 mittelgroße Tomaten
3 TL Olivenöl
160 g trockener Langkornreis
1 Prise Safran (ersatzweise Kurkuma)
500 ml Gemüsebrühe (2 TL Instantpulver)
150 g Erbsen (TK)
200 g Miesmuschelfleisch (TK)

Pro Person
10 ProPoints Wert

Zubereitungszeit: ca. 10 Minuten
Garzeit: ca. 30 Minuten

Garnelen-Reis-Pfanne

1. Reis nach Packungsanweisung in Salzwasser garen. Lauchzwiebeln waschen und in Ringe schneiden. Garnelen abspülen und trocken tupfen. Knoblauch schälen und pressen. Zwiebel schälen. Paprikaschoten waschen, entkernen und mit Zwiebel in Würfel schneiden. Aprikosen in Streifen schneiden.

2. Öl in einer Pfanne erhitzen, Garnelen und Lauchzwiebelringe darin ca. 2 Minuten andünsten. Knoblauch, Zwiebel- und Paprikawürfel zu den Garnelen geben und ca. 2 Minuten andünsten.

3. Aprikosen mit Reis und rosa Pfefferkörnern zur Garnelen-Paprika-Mischung geben. Gemüsebrühe angießen und alles ca. 10 Minuten garen. Cashewnüsse unterheben. Garnelen-Reis-Pfanne mit Salz und Pfeffer würzen und servieren.

Pro Person
7 ProPoints Wert®

Zubereitungszeit: ca. 15 Minuten
Garzeit: ca. 35 Minuten

Für 4 Personen

120 g trockener Langkornreis
Salz
1 Bund Lauchzwiebeln
240 g küchenfertige Garnelen
1 Knoblauchzehe
1 Zwiebel
je 3 gelbe und rote Paprikaschoten
75 g getrocknete Aprikosen
3 TL Olivenöl
1 EL rosa Pfefferkörner
150 ml Gemüsebrühe (½ TL Instantpulver)
15 gehackte Cashewnüsse
Pfeffer

Reispfanne
mit Paprika und Zucchini

1. Knoblauch schälen und pressen. Zwiebeln schälen und fein würfeln. Öl in einer Pfanne erhitzen, Zwiebelwürfel und Knoblauch darin kurz andünsten. Reis zufügen und unter Rühren glasig andünsten. Tomatenmark unterrühren und die Hälfte der Gemüsebrühe angießen. Reis zugedeckt ca. 20 Minuten garen, dabei gelegentlich umrühren.

2. Paprikaschoten und Zucchini waschen. Paprikaschoten entkernen und in Streifen schneiden, Zucchini längs halbieren und in Stücke schneiden. Paprikastreifen und Zucchinistücke nach ca. 10 Minuten unter den Reis heben. Mit Pfeffer, Paprikapulver und Kräutern der Provence würzen. Reis mehrmals umrühren, nach und nach die restliche Brühe angießen. Reispfanne mit Salz, Pfeffer und Paprikapulver würzen und servieren.

Für 4 Personen

1 Knoblauchzehe
2 Zwiebeln
2 TL Olivenöl
160 g trockener Risottoreis
3 EL Tomatenmark
450 ml Gemüsebrühe
(2 TL Instantpulver)
3 gelbe Paprikaschoten
3 Zucchini
Pfeffer
Paprikapulver
1 TL Kräuter der Provence
(frisch oder getrocknet)

Pro Person 5 ProPoints Wert

Zubereitungszeit: ca. 15 Minuten
Garzeit: ca. 25 Minuten

Gemüse-Risotto

Zwiebeln und Karotten schälen. Zucchini, Lauch und Zuckererbsenschoten waschen. Zwiebeln würfeln, Karotten und Zucchini längs halbieren und in Scheiben, Lauch in Ringe und Zuckererbsenschoten in Stücke schneiden. Öl erhitzen, Gemüse darin unter Rühren ca. 5 Minuten andünsten. Reis zufügen und glasig andünsten, 300 ml Brühe angießen. Bei kleiner Hitze ca. 15 Minuten garen, dabei ab und zu umrühren. Restliche Brühe nach und nach angießen. Tomaten überbrühen, häuten, entkernen und würfeln. Mit Kräutern der Provence unter den Risotto rühren und ca. 5 Minuten mitgaren. Risotto salzen, pfeffern, mit saurer Sahne servieren.

Für 4 Personen

2 Zwiebeln
250 g Karotten
2 Zucchini
2 Stangen Lauch
200 g Zuckererbsenschoten
2 TL Olivenöl
240 g trockener Risottoreis
500 ml Gemüsebrühe
(2 TL Instantpulver)
6 Tomaten
2 TL Kräuter der Provence
Salz, Pfeffer
4 EL saure Sahne

Pro Person 7 ProPoints Wert®

Zubereitungszeit: ca. 10 Minuten
Garzeit: ca. 25 Minuten

Chili-Reis-Pfanne

Für 4 Personen

120 g trockener Langkornreis
Salz
1 Knoblauchzehe
2 rote Chilischoten
1 Bund Lauchzwiebeln
je 2 rote und gelbe Paprikaschoten
200 g Mais (Konserve)
2 TL Olivenöl
240 g Tatar
Pfeffer
Paprikapulver
400 g geschälte Tomaten (Konserve)
einige Blätter Petersilie
Kurkuma

1. Reis nach Packungsanweisung in Salzwasser garen. Knoblauch schälen und pressen. Chilischoten waschen, entkernen und in feine Streifen schneiden. Lauchzwiebeln und Paprikaschoten waschen. Paprikaschoten entkernen und in Stücke, Lauchzwiebeln in Ringe schneiden. Mais abtropfen lassen.

2. Öl in einer Pfanne erhitzen, Tatar darin mit Knoblauch und Chilistreifen krümelig anbraten. Mit Salz, Pfeffer und Paprikapulver würzen. Lauchzwiebelringe und Paprikastücke zufügen und ca. 5 Minuten mitbraten.

3. Reis und Mais zugeben, kurz anbraten und mit Tomaten ablöschen. Reispfanne weitere 5 Minuten garen. Petersilie waschen und trocken schütteln. Reispfanne mit Paprikapulver und Kurkuma würzen, mit Petersilie garnieren und servieren.

Pro Person
6 ProPoints Wert

Zubereitungszeit: ca. 15 Minuten
Garzeit: ca. 35 Minuten

Spaghetti *mit Ziegenfrischkäse*

1. Rote Bete in feine Scheiben hobeln. Spaghetti in kochendem Salzwasser nach Packungsanweisung bissfest garen.

2. Champignons trocken abreiben und in Scheiben schneiden. Feldsalat waschen und trocken schleudern. Für das Dressing Balsamicoessig und Öl verrühren, mit Salz, Pfeffer und Zucker würzen. Dressing mit Champignonscheiben und Feldsalat vermengen.

3. Honig erwärmen, mit Ziegenfrischkäse verrühren und mit Rosmarin, Salz und Pfeffer würzen. Spaghetti abgießen und auf Tellern verteilen. Ziegenfrischkäse darübergeben und mit Rote Bete und Feldsalat servieren.

Für 4 Personen

4 Knollen vorgegarte Rote Bete (vakuumverpackt)
240 g trockene Spaghetti
Salz
200 g Champignons
300 g Feldsalat
4 TL dunkler Balsamicoessig
2 TL Pflanzenöl
Pfeffer
1 Prise Zucker
4 TL Honig
5 EL Ziegenfrischkäse
1 TL gehackter Rosmarin (frisch oder getrocknet)

Pro Person
8 ProPoints Wert

Zubereitungszeit: ca. 20 Minuten
Garzeit: ca. 20 Minuten

Spaghetti
mit Pilzsauce

1. Spaghetti nach Packungsanweisung in kochendem Salzwasser bissfest garen. Zwiebeln schälen und mit Schinken würfeln. Champignons und Pfifferlinge trocken abreiben, gegebenenfalls waschen. Champignons vierteln und Pfifferlinge halbieren.

2. Öl in einer Pfanne erhitzen, Zwiebel- und Schinkenwürfel darin goldbraun braten. Champignonviertel und Pfifferlinghälften zugeben und zugedeckt ca. 5 Minuten schmoren. Frischkäse einrühren und die Sauce mit Salz und Pfeffer würzen.

3. Spaghetti abgießen. Knoblauch schälen und pressen. Knoblauch und Kräuter unter die Spaghetti mischen. Spaghetti mit Pilzsauce servieren.

Für 4 Personen

240 g trockene Spaghetti
Salz
3 Zwiebeln
8 Scheiben roher Schinken
200 g Champignons
250 g Pfifferlinge
2 EL Pflanzenöl
120 g Frischkäse, bis 1 % Fett absolut
Pfeffer
1 Knoblauchzehe
4 EL gemischte gehackte Kräuter (frisch oder TK)

Pro Person
8 ProPoints Wert

Zubereitungszeit: ca. 10 Minuten
Garzeit: ca. 20 Minuten

Penne *all'arrabbiata*

1. Penne nach Packungsanweisung in Salzwasser bissfest garen. Knoblauch schälen und pressen. Zwiebeln schälen und fein würfeln. Chilischoten waschen, entkernen und mit Oliven in Ringe schneiden.

2. 2 Teelöffel Öl in einer Pfanne erhitzen, Knoblauch, Zwiebelwürfel und Chiliringe darin kurz anrösten. Mit Tomaten ablöschen und mit Salz, Pfeffer und Paprikapulver kräftig würzen. Oliven unterheben und alles bei kleiner Hitze ca. 10 Minuten kochen.

3. Für den Salat Paprikaschoten waschen, Champignons trocken abreiben, beides in Würfel schneiden und vermengen. Kopfsalat waschen und trocken schleudern, in mundgerechte Stücke zerteilen und auf Tellern anrichten. Paprika-Pilz-Mischung darauf verteilen. Essig mit Senf und Kräutern verrühren und restliches Öl unterschlagen, mit Salz, Pfeffer und Zucker würzen. Dressing über den Salat träufeln und den Salat kurz ziehen lassen.

4. Penne abgießen. Tomatensauce mit 1 Esslöffel Petersilie verfeinern und mit Salz, Pfeffer und Paprikapulver abschmecken. Penne mit restlicher Petersilie bestreuen und mit Paprikasalat servieren.

Für 4 Personen

160 g trockene Penne
Salz
1 Knoblauchzehe
2 kleine Zwiebeln
2 rote Chilischoten
10 schwarze Oliven, ohne Stein
4 TL Olivenöl
800 g geschälte Tomaten (Konserve)
Pfeffer
Paprikapulver
je 1 rote und gelbe Paprikaschote
250 g Champignons
1 Kopfsalat
3 EL Weißweinessig
1 TL süßer Senf
2 TL gemischte gehackte Kräuter (frisch oder TK)
1 Prise Zucker
2 EL gehackte Petersilie (frisch oder TK)

Pro Person
6 ProPoints Wert

Zubereitungszeit: ca. 10 Minuten
Garzeit: ca. 20 Minuten

Fusilli *mit Gemüse-Käse-Sauce*

Für 4 Personen

240 g trockene Fusilli
Salz
400 g Knollensellerie
400 g Champignons
3 kleine Zwiebeln
400 g Lauch
2 TL Pflanzenöl
400 ml Gemüsebrühe
(2 TL Instantpulver)
120 g saure Sahne
Pfeffer
1 TL Paprikapulver
4 EL geriebener Parmesan

1. Nudeln in kochendem Salzwasser nach Packungsanweisung bissfest garen. Sellerie schälen und würfeln. Champignons trocken abreiben und in Scheiben schneiden. Zwiebeln schälen, Lauch waschen und beides in Ringe schneiden.

2. Öl in einer Pfanne erhitzen, Zwiebelringe, Lauchringe und Selleriewürfel darin ca. 3 Minuten anbraten. Champignonscheiben zugeben, Gemüsebrühe angießen und alles ca. 5 Minuten köcheln lassen.

3. Saure Sahne einrühren und Sauce mit Salz, Pfeffer und Paprikapulver würzen. Fusilli abgießen, mit Gemüsesauce und Parmesan bestreut servieren.

Pro Person
9 ProPoints Wert

Zubereitungszeit: ca. 10 Minuten
Garzeit: ca. 15 Minuten

Käse mit Tradition

Parmesan, der berühmte italienische Käse, wird seit sieben Jahrhunderten auf die gleiche Weise hergestellt. Als Käse mit Ursprungsgarantie darf der Parmesan nur in einem kleinen begrenzten Gebiet hergestellt werden und unterliegt strengen Qualitätsregeln.
Aus 16 Litern Milch erhält man am Ende etwa 1 Kilogramm Parmigiano Reggiano. Sein Aroma ist delikat und würzig.
Vom Alter her lassen sich drei Gruppen unterscheiden: fresco (frisch) jünger als 18 Monate, vecchio (alt) zwischen 18 und 24 Monate und stravecchio (extra alt) zwischen 24 und 36 Monate.

Farfalle
mit Rucola-Tomaten-Sauce

1. Nudeln in kochendem Salzwasser bissfest garen. Zwiebeln schälen, Tomaten waschen und beides würfeln. Knoblauch schälen und pressen. Öl erhitzen, Zwiebel und Knoblauch darin glasig dünsten. Tomaten zufügen und ca. 5 Minuten garen.

2. Rucola waschen und trocken schleudern. Saft der Zitrone auspressen, mit Rucola mischen. Sauce salzen, pfeffern. Farfalle abgießen, Rucola untermischen und zusammenfallen lassen. Mit Tomaten-Sauce und Parmesan servieren.

Für 4 Personen

240 g trockene Farfalle
Salz
2 Zwiebeln
6 Tomaten
1 Knoblauchzehe
2 TL Olivenöl
500 g Rucola
1 Zitrone
Pfeffer
4 EL geriebener Parmesan

Pro Person
8 ProPoints Wert®

Zubereitungszeit: ca. 10 Minuten
Garzeit: ca. 15 Minuten

Nudel-Auberginen-Pfanne

Für 4 Personen

240 g trockene Nudeln (z. B. Farfalle)
Salz
2 Auberginen
120 g roher, dünn geschnittener Schinken
1 Gemüsezwiebel
4 Tomaten
100 g Mais (Konserve)
150 ml Gemüsebrühe (1 TL Instantpulver)
120 g Schafskäse light
Pfeffer
1 TL gehackter Rosmarin (frisch oder getrocknet)

1. Nudeln nach Packungsanweisung in kochendem Salzwasser bissfest garen. Auberginen waschen und in Würfel schneiden. Schinken in mundgerechte Stücke zupfen. Gemüsezwiebel schälen und in Ringe schneiden. Tomaten kreuzweise einritzen, mit kochendem Wasser überbrühen, häuten, entkernen und in Würfel schneiden. Mais abtropfen lassen.

2. Schinkenstücke in einer beschichteten Pfanne fettfrei braten. Zwiebelringe und Auberginenwürfel zufügen, Gemüsebrühe angießen und die Auberginen in ca. 10 Minuten garen.

3. Schafskäse abtropfen lassen und würfeln. Nudeln abgießen, mit Tomatenwürfeln und Mais unter die Auberginen rühren. Nudelpfanne mit Salz, Pfeffer und Rosmarin pikant würzen, mit Schafskäsewürfel bestreuen und servieren.

Pro Person
9 ProPoints Wert

Zubereitungszeit: ca. 15 Minuten
Garzeit: ca. 20 Minuten

Ravioli
mit Ricotta-Spinat-Füllung

Für 4 Personen

370 g trockener Hartweizengrieß
3 Eier
1 TL Salz
80 ml Wasser
350 g Blattspinat
(ersatzweise 250 g TK)
125 g Ricotta
2 EL geriebener Parmesan
Pfeffer
geriebene Muskatnuss
4 EL Mehl zum Bestäuben
1 kg Tomaten
2 ½ Bund Basilikum
4 rote Zwiebeln
1 TL Pflanzenöl
3 EL heller Balsamicoessig
1 Prise Zucker

1. Hartweizengrieß auf eine Arbeitsfläche geben und in die Mitte eine Vertiefung drücken. Eier, Salz und Wasser zugeben. Alles zu einem Teig vermischen und gut durchkneten, bis er glatt und glänzend ist. Abgedeckt ca. 20 Minuten ruhen lassen.

2. Spinat waschen und tropfnass in einem Topf bei kleiner Hitze zusammenfallen lassen. Spinat hacken, mit Ricotta und Parmesan mischen. Spinatmasse mit Salz, Pfeffer und Muskatnuss kräftig würzen.

3. Arbeitsfläche mit Mehl bestäuben und den Teig darauf zu zwei gleich großen Platten ausrollen. Auf eine Teigplatte im Abstand von ca. 4 cm jeweils ein Häufchen Spinatfüllung setzen. Die zweite Teigplatte mit Wasser bestreichen und mit der feuchten Seite nach unten auflegen. Zwischenräume zwischen der Füllung mit den Fingern fest andrücken. Mit einem Teigrädchen einzelne Ravioli ausrädeln und in Salzwasser ca. 10 Minuten garen.

4. Tomaten waschen und würfeln. Basilikum waschen, trocken schütteln und grob hacken. Zwiebeln schälen und würfeln. Öl in einer Pfanne erhitzen, Zwiebelwürfel darin glasig dünsten. Tomatenwürfel zufügen und kurz mitdünsten. Mit Balsamicoessig, Zucker, Salz und Pfeffer würzen. Basilikum unterheben und kurz aufkochen. Ravioli abtropfen lassen und mit Tomatensauce servieren.

Pro Person
13 ProPoints Wert

Zubereitungszeit: ca. 25 Minuten
Ruhezeit: ca. 20 Minuten
Garzeit: ca. 10 Minuten

Makkaroni
mit Tomaten-Schinken-Sauce

1. Makkaroni in kochendem Salzwasser nach Packungsanweisung bissfest garen.

2. Zwiebeln schälen, Tomaten und Chilischoten waschen. Zwiebeln und Tomaten würfeln. Schinken in mundgerechte Stücke zupfen. Chilischoten entkernen und in Streifen schneiden. Knoblauch schälen und pressen. Öl in einer Pfanne erhitzen, Schinkenstücke, Zwiebelwürfel und Knoblauch darin andünsten. Chilistreifen zugeben und kurz mitdünsten. Tomatenwürfel zufügen und ca. 5 Minuten einkochen lassen. Sauce mit Salz und Pfeffer würzen.

3. Makkaroni abgießen. Basilikum waschen und trocken schütteln. Makkaroni mit Tomaten-Schinken-Sauce, Parmesan und mit Basilikumblättern garniert servieren.

Für 4 Personen

240 g trockene Makkaroni
Salz
4 kleine Zwiebeln
10 Tomaten
2 rote Chilischoten
(ersatzweise ½ TL Chilipulver)
8 Scheiben roher, dünn
geschnittener Schinken
3 Knoblauchzehen
2 TL Pflanzenöl
Pfeffer
einige Blätter Basilikum
4 EL geriebener Parmesan

Pro Person
9 ProPoints Wert

Zubereitungszeit: ca. 10 Minuten
Garzeit: ca. 15 Minuten

Bandnudeln *mit Lachssauce*

1. Nudeln in kochendem Salzwasser nach Packungsanweisung bissfest garen. Schalotten schälen und 2 Schalotten in feine Ringe schneiden. Räucherlachs in Streifen schneiden. Cocktailtomaten waschen und halbieren. Öl in einer Pfanne erhitzen, Schalottenringe darin kurz andünsten und 200 ml Gemüsebrühe angießen. Räucherlachsstreifen und Tomatenhälften zugeben. Sauce mit Salz und Pfeffer würzen. Schnittlauch waschen, trocken schütteln und in Ringe schneiden. Mit Joghurt unter die Sauce rühren und nicht mehr aufkochen.

2. Für den Salat Gurke waschen, längs halbieren und in dünne Scheiben schneiden. Paprikaschote waschen, entkernen und in Streifen schneiden. Restliche Schalotte würfeln. Radicchio waschen, trocken schleudern und in mundgerechte Stücke zerteilen.

3. Für das Dressing Zitronensaft, Essig, Senf und restliche Brühe verrühren, mit Salz, Pfeffer und Zucker würzen. Dressing mit den Salatzutaten vermengen. Bandnudeln abgießen, mit Lachssauce und Salat servieren.

Für 4 Personen

240 g trockene Bandnudeln
Salz
3 Schalotten
120 g Räucherlachs
300 g Cocktailtomaten
2 TL Pflanzenöl
240 ml Gemüsebrühe
(1 TL Instantpulver)
Pfeffer
1 Bund Schnittlauch
250 g fettarmer Joghurt
1 Salatgurke
1 gelbe Paprikaschote
1 kleiner Radicchio
1 EL Zitronensaft
2 EL Weißweinessig
1 TL mittelscharfer Senf
1 Prise Zucker

Pro Person
9 ProPoints Wert®

Zubereitungszeit: ca. 15 Minuten
Garzeit: ca. 10 Minuten

Nudeln
mit Rindfleischsauce

Für 4 Personen

240 g trockene Penne
Salz
3 kleine Zwiebeln
400 g Knollensellerie
4 Karotten
4 Lauchzwiebeln
300 g Rindersteak
2 TL Olivenöl
Pfeffer
600 g stückige Tomaten (Konserve)
4 EL Tomatenmark
4 TL italienische Kräuter (TK)
einige Blätter Basilikum
4 EL geriebener Käse, bis 30 % Fett i. Tr.

1. Nudeln in kochendem Salzwasser nach Packungsanweisung bissfest garen.

2. Zwiebeln, Knollensellerie und Karotten schälen und würfeln. Lauchzwiebeln waschen und in Ringe schneiden. Steak trocken tupfen und in Streifen schneiden. Öl in einer Pfanne erhitzen, Steakstreifen darin ca. 2 Minuten rundherum anbraten. Steakstreifen salzen, pfeffern und herausnehmen.

3. Zwiebel-, Sellerie- und Karottenwürfel und Lauchzwiebelringe im Bratensatz ca. 5 Minuten dünsten. Tomaten und Tomatenmark zugeben und ca. 10 Minuten köcheln lassen. Steakstreifen in die Sauce geben und kurz darin erhitzen. Mit Salz, Pfeffer und Kräutern pikant würzen. Nudeln abgießen. Petersilie waschen und trocken schütteln. Nudeln und Fleischsauce mit Käse bestreuen und mit Basilikum garniert servieren.

Pro Person
9 ProPoints Wert

Zubereitungszeit: ca. 15 Minuten
Garzeit: ca. 15 Minuten

Tipp

Anstelle einiger Blätter Basilikum können Sie auch glatte Petersilie verwenden.

Spinatlasagne

1. Tomaten waschen, Zwiebeln schälen und beides fein würfeln. Knoblauch schälen und pressen. Spinat waschen, Öl in einem großen Topf erhitzen, Knoblauch, Zwiebel- und Tomatenwürfel darin andünsten. Spinat tropfnass zugeben und zusammenfallen lassen. Oder TK-Spinat zugeben und auftauen lassen. Mit Salz, Pfeffer und Muskatnuss würzen.

2. Halbfettmargarine in einem Topf schmelzen. Mehl darüberstäuben und unter Rühren hellgelb anschwitzen. Milch und Brühe unter Rühren zugeben und aufkochen. Sauce mit Salz, Pfeffer und Muskatnuss würzen. Backofen auf 200 °C (Gas: Stufe 3, Umluft: 180 °C) vorheizen.

3. Boden einer flachen, rechteckigen Auflaufform (ca. 21 x 32 cm) mit etwas heller Sauce begießen, mit einer Schicht Lasagneplatten auslegen, mit Spinatmasse belegen und mit etwas Sauce begießen. Das Ganze wiederholen und mit Sauce abschließen. Spinatlasagne mit Käse bestreuen und im Backofen auf mittlerer Schiene ca. 30 Minuten backen.

Für 4 Personen

4 Tomaten
2 Zwiebeln
2 Knoblauchzehen
1 kg Blattspinat
(ersatzweise 600 g TK)
2 TL Olivenöl
Salz
Pfeffer
1 Prise geriebene Muskatnuss
4 TL Halbfettmargarine
2 EL Mehl
500 ml fettarme Milch
100 ml Gemüsebrühe
(½ TL Instantpulver)
12 trockene grüne Lasagneplatten
6 EL geriebener Käse,
30 % Fett i. Tr.

Pro Person
10 ProPoints Wert

Zubereitungszeit: ca. 15 Minuten
Garzeit: ca. 40 Minuten

Gemüse-Nudel-Auflauf

1. Nudeln nach Packungsanweisung in Salzwasser bissfest garen. Zwiebeln und Karotten schälen. Zwiebeln würfeln und Karotten in Scheiben schneiden. Knoblauch schälen und pressen. Schinken in Streifen schneiden. Zucchini, Tomaten und Zuckererbsenschoten waschen. Zucchini längs halbieren und in Scheiben, Tomaten in Würfel schneiden. Champignons trocken abreiben und vierteln. Mais abtropfen lassen.

2. Öl in einer Pfanne erhitzen, Zwiebelwürfel, Knoblauch und Schinkenstreifen darin andünsten. Karotten- und Zucchinischeiben, Champignonviertel, Tomatenwürfel und Zuckererbsenschoten zugeben und ca. 5 Minuten garen.

3. Backofen auf 180 °C (Gas: Stufe 2, Umluft: 160 °C) vorheizen. Gemüse mit Milch ablöschen. Speisestärke mit Wasser anrühren, zugeben und alles aufkochen. Kräuterfrischkäse einrühren und das Gemüse kräftig mit Salz, Pfeffer und Muskatnuss würzen. Mais und Erbsen unterheben.

4. Nudeln abgießen. Nudeln und Sauce im Wechsel in eine Auflaufform (ca. 21 x 32 cm) schichten. Auflauf im Backofen auf mittlerer Schiene ca. 20 Minuten backen.

Pro Person 11 ProPoints Wert®

Zubereitungszeit: ca. 20 Minuten
Garzeit: ca. 25 Minuten

Für 4 Personen

270 g trockene bunte Farfalle
Salz
2 Zwiebeln
150 g Karotten
2 Knoblauchzehen
100 g gekochter Schinken
1 Zucchini
6 Tomaten
100 g Zuckererbsenschoten
200 g Champignons
6 EL Mais (Konserve)
1 TL Pflanzenöl
250 ml fettarme Milch
1 EL Speisestärke
2 EL Wasser
6 EL Kräuterfrischkäse, bis 1 % Fett absolut
Pfeffer
1 Prise geriebene Muskatnuss
4 EL Erbsen (TK)

Vitaminbomben

Gemüse & Salate

Indisches Gemüsecurry

1. Reis nach Packungsanweisung in Salzwasser garen. Zwiebeln schälen und vierteln. Auberginen waschen und würfeln. Karotten schälen und in breite Scheiben schneiden. Tomaten waschen und in Spalten schneiden. Chilischote waschen, entkernen und in Ringe schneiden. Petersilie waschen und trocken schütteln.

2. Öl in einem Topf erhitzen, vorbereitetes Gemüse mit Bohnen zufügen und 2–3 Minuten anbraten.
Mit Salz, Pfeffer, Currypulver und Kurkuma würzen und unter Rühren ca. 4 Minuten dünsten.

3. Tomatenmark, Ketchup, Zucker, Sojasauce und Joghurt verrühren, zum Gemüse geben und das Gemüse ca. 5 Minuten garen. Erbsen unterrühren und ca. 5 Minuten mitgaren. Gemüsecurry mit Salz und Pfeffer abschmecken, mit Reis und mit Petersilie garniert servieren.

Pro Person
6 ProPoints Wert

Zubereitungszeit: ca. 10 Minuten
Garzeit: ca. 15 Minuten

Für 4 Personen

120 g trockener Basmatireis
Salz
4 Zwiebeln
2 Auberginen
8 Karotten
2 Fleischtomaten
1 rote Chilischote
einige Blätter glatte Petersilie
3 TL Pflanzenöl
400 g grüne Bohnen (TK)
Pfeffer
1 TL Currypulver
½ TL Kurkuma
1 EL Tomatenmark
2 EL Ketchup
1 TL Zucker
3 EL Sojasauce
250 g fettarmer Joghurt
200 g Erbsen (TK)

Schmorgemüse
in heller Sauce

1. Broccoli waschen und in Röschen teilen. Zwiebeln schälen, Tomaten waschen und beides achteln. Pilze trocken abreiben und halbieren. Knoblauch schälen und pressen. Wasser mit 1 Esslöffel Sojasauce aufkochen, Broccoli zufügen und ca. 5 Minuten garen.

2. Öl in einer Pfanne erhitzen, Zwiebelachtel darin andünsten. Broccoli abgießen, zusammen mit Tomatenachteln und Pilzhälften zu den Zwiebeln geben und ca. 5 Minuten garen. Knoblauch mit restlicher Sojasauce, Gemüsebrühe, Milch, Joghurt und Pfeffer verrühren. Sauce unter das Gemüse rühren und bei kleiner Hitze erwärmen. Gemüse mit Sauce servieren.

Für 4 Personen

500 g Broccoli
4 Zwiebeln
6 Tomaten
250 g Pilze (z. B. Austernpilze oder Shiitake-Pilze)
2 Knoblauchzehen
3 EL Sojasauce
1 TL Pflanzenöl
125 ml Gemüsebrühe (½ TL Instantpulver)
125 ml fettarme Milch
250 g fettarmer Joghurt
1 Msp. Pfeffer

Pro Person
2 ProPoints Wert

Zubereitungszeit: ca. 30 Minuten
Garzeit: ca. 10 Minuten

Knoblauch, aromatische Power

Knoblauch gibt nicht nur vielen pikanten Gerichten die besondere Note, sondern ist auch für seine positive gesundheitliche Wirkung bekannt. Der Wirkstoff Allicin ist für den unbeliebten »Knoblauchduft« verantwortlich, der sich nach dem Verzehr im Atem bemerkbar macht. Es gibt viele Tipps, den Geruch einzudämmen. Grundsätzlich verursacht gekochter Knoblauch weniger Körpergeruch. Nach dem Verzehr von frischem Knoblauch soll das Kauen von etwas Petersilie oder Pfefferminze den Atem reinigen. Knoblauch lässt sich schnell schälen, wenn man die Knoblauchzehe mit einer Messerklinge zerdrückt, denn dann löst sich das Häutchen fast wie von selbst ab.

Gemüsespieße *mit Currysauce*

1. Wildreis nach Packungsanweisung in Salzwasser garen. Backofen auf 200 °C (Gas: Stufe 3, Umluft: 180 °C) vorheizen. Paprikaschoten waschen und entkernen, Zucchini waschen, Zwiebeln schälen und das Gemüse in mundgerechte Stücke schneiden. Cocktailtomaten waschen und abwechselnd mit den Gemüsestücken auf 8 lange Spieße stecken. 4 Teelöffel Öl, Salz, Pfeffer, Paprika- und Currypulver zu einer Marinade verrühren und die Spieße damit bestreichen. Auf ein mit Backpapier ausgelegtes Backblech legen und im Backofen auf mittlerer Schiene 8–10 Minuten garen.

2. Schalotte schälen. Apfel vierteln, entkernen und schälen. Pfirsich kreuzweise einritzen, mit kochendem Wasser überbrühen, häuten, halbieren und den Stein entfernen. Ananas schälen. Pfirsich, Ananas, Apfel und Schalotte würfeln. Restliches Öl in einer Pfanne erhitzen, Schalottenwürfel darin glasig andünsten. Pfirsich-, Ananas- und Apfelwürfel mit Currypulver und Gemüsebrühe zugeben. Sauce ca. 5 Minuten einkochen lassen. Currysauce pürieren, mit saurer Sahne, Currypulver, Salz, Pfeffer und Zitronensaft würzen. Gemüsespieße mit Currysauce und Reis servieren.

Für 4 Personen

140 g trockene Wildreismischung
Salz
je 2 rote und gelbe Paprikaschoten
1 große Zucchini
2 Zwiebeln
16 Cocktailtomaten
5 TL Olivenöl
Pfeffer
Paprikapulver
Currypulver
1 Schalotte
1 säuerlicher Apfel (z. B. Boskop)
1 reifer Pfirsich
1 Scheibe frische Ananas
4 EL Gemüsebrühe (1 Prise Instantpulver)
2 EL saure Sahne
2 TL Zitronensaft

Pro Person
5 ProPoints Wert

Zubereitungszeit: ca. 15 Minuten
Garzeit: ca. 35 Minuten

Auberginengemüse

1. Kartoffeln schälen und in Salzwasser ca. 20 Minuten garen. Gurken waschen, längs halbieren und mit einem Teelöffel entkernen. Auberginen waschen und mit Gurken würfeln. Auberginen- und Gurkenwürfel salzen, ca. 10 Minuten ziehen lassen und abspülen. Staudensellerie waschen und in Scheiben schneiden. Tomaten waschen, achteln und entkernen. Öl in einer Pfanne erhitzen, Auberginen- und Gurkenwürfel und Selleriescheiben darin ca. 3 Minuten anbraten. Gemüsebrühe angießen, aufkochen und das Gemüse zugedeckt ca. 10 Minuten schmoren.

2. Knoblauch schälen und pressen und zum Gemüse geben. Mit Salz, Pfeffer und Basilikum würzen. Oliven, Kapern und Tomatenachtel zugeben, mit Essig und Zucker süßsauer würzen und bei kleiner Hitze weitere 10 Minuten schmoren. Kartoffeln abgießen und mit Auberginengemüse servieren.

Pro Person
6 ProPoints Wert

Zubereitungszeit: ca. 15 Minuten
Garzeit: ca. 35 Minuten

Für 4 Personen

800 g festkochende Kartoffeln
Salz
3 Schmorgurken
2 Auberginen
1 Stange Staudensellerie
4 Tomaten
2 TL Olivenöl
150 ml Gemüsebrühe
(½ TL Instantpulver)
1 Knoblauchzehe
Pfeffer
1 TL gehacktes Basilikum
(frisch oder TK)
10 schwarze Oliven, ohne Stein
1 EL Kapern
2 EL Weißweinessig
1 TL Zucker

Spargel
mit Estragonsauce

Kartoffeln waschen und in Salzwasser ca. 20 Minuten garen. Weißen Spargel schälen, grünen Spargel waschen und das untere Drittel schälen. Spargel in Salzwasser mit Zitronensaft und Zucker ca. 15 Minuten garen. Brühe mit Wein erwärmen, saure Sahne zufügen und glatt rühren. Estragon unterheben, mit Salz, Pfeffer und Senf würzen. Saucenbinder einstreuen, Sauce unter Rühren einmal aufkochen. Kartoffeln abgießen und pellen. Spargel abgießen und mit Pellkartoffeln und Estragonsauce servieren.

Pro Person 8 ProPoints Wert

Zubereitungszeit: ca. 15 Minuten
Garzeit: ca. 20 Minuten

Für 4 Personen

1 kg kleine festkochende Kartoffeln, Salz
je 1 kg weißer und grüner Spargel
2 TL Zitronensaft
1 Prise Zucker
300 ml Gemüsebrühe (1 TL Instantpulver)
150 ml Weißwein
180 g saure Sahne
2 TL gehackter Estragon (frisch oder getrocknet)
Pfeffer, ½ TL scharfer Senf
1 EL heller Saucenbinder

Wirsing
mit Kartoffelplätzchen

1. Schalotten schälen und würfeln. Wirsing putzen, vierteln und den Strunk entfernen. Karotten schälen und mit Wirsing in feine Streifen schneiden. 1 Teelöffel Öl in einer Pfanne erhitzen, Schalottenwürfel darin glasig andünsten. Wirsing- und Karottenstreifen zu den Zwiebelwürfeln geben und kurz anbraten. Gemüsebrühe angießen und das Gemüse ca. 10 Minuten garen.

2. Kartoffelklöße in Scheiben schneiden. Restliches Öl in einer Pfanne erhitzen, Kloßscheiben darin von jeder Seite ca. 3 Minuten goldbraun braten. Saure Sahne unter das Gemüse rühren und das Gemüse mit Salz und Pfeffer würzen. Wirsing mit Goldplätzchen und mit Walnüssen bestreut servieren.

Pro Person 10 ProPoints Wert

Zubereitungszeit: ca. 10 Minuten
Garzeit: ca. 15 Minuten

Für 1 Person

2 Schalotten
200 g Wirsing
2 Karotten
2 TL Pflanzenöl
150 ml Gemüsebrühe
(½ TL Instantpulver)
2 verzehrfertige Kartoffelklöße
(à 100 g)
1 TL gehackte Walnüsse
2 EL saure Sahne
Salz
Pfeffer

Leichtes Pfannengemüse

1. Zucchini waschen, Karotten schälen und beides in mundgerechte Stücke schneiden. Kohlrabi schälen und in Stifte schneiden. Paprikaschoten waschen, entkernen und in Stücke schneiden. Knoblauch schälen und pressen.

2. Öl in einer Pfanne erhitzen, vorbereitetes Gemüse darin ca. 5 Minuten andünsten. Petersilie, Basilikum und Salbei waschen, trocken schütteln und fein hacken. Gemüse mit Balsamicoessig ablöschen. Kräuter unter das Pfannengemüse rühren. Gemüse mit Salz und Pfeffer würzen und servieren.

Pro Person
1 ProPoints Wert

Zubereitungszeit: ca. 15 Minuten
Garzeit: ca. 5 Minuten

Für 4 Personen

4 Zucchini
4 Karotten
2 Kohlrabi
3 gelbe Paprikaschoten
2 Knoblauchzehen
4 TL Olivenöl
1 Bund glatte Petersilie
1 Bund Basilikum
8 Salbeiblätter
3 EL heller Balsamicoessig
Salz
Pfeffer

Kohlrabi

Ein typisch deutsches Gemüse, nirgendwo sonst in Europa wird so viel angebaut und verzehrt. Selbst die Engländer nennen die weißen Knollen Kohlrabi. Die größten sind nicht unbedingt die besten, denn kleine haben einen feineren Geschmack und sind weniger holzig.
An frischen grünen Blättern erkennen Sie, ob die Knolle frisch ist. Im Gemüsefach des Kühlschranks bleibt das Gemüse ca. eine Woche lang frisch. Wird es zusätzlich in ein feuchtes Tuch gewickelt, verlängert sich die Haltbarkeit. Das knackige Gemüse kann roh wunderbar für Salate oder zum Dippen verwendet werden. Genauso gut schmeckt es in Suppen, Aufläufen oder als Beilage.

Bunte Röschen *mit Zitronensauce*

1. Blumenkohl, Broccoli und Romanesco waschen, in Röschen teilen und in kochender Gemüsebrühe ca. 10 Minuten garen. Gemüse abgießen und dabei 200 ml Kochwasser auffangen.

2. Halbfettmargarine in einem Topf schmelzen, mit Mehl bestäuben und unter Rühren hellgelb anschwitzen. Kochwasser und Milch unter Rühren angießen und aufkochen. Frischkäse zugeben und unterrühren, Sauce mit Salz, Pfeffer, Zucker und Zitronensaft pikant würzen. Zitronensauce mit Gemüse servieren.

Pro Person
2 ProPoints Wert

Zubereitungszeit: ca. 15 Minuten
Garzeit: ca. 15 Minuten

Für 4 Personen

600 g Blumenkohl
600 g Broccoli
600 g Romanesco
1 Liter Gemüsebrühe
(2 EL Instantpulver)
4 TL Halbfettmargarine
2 TL Mehl
250 ml fettarme Milch
4 EL Frischkäse,
bis 1 % Fett absolut
Salz
Pfeffer
1 Prise Zucker
3 EL Zitronensaft

Romanesco, der grüne Türmchenblumenkohl

In Italien und Frankreich sind farbige Blumenkohlsorten sehr beliebt. Zu ihnen gehört der hellgrüne Romanesco. Aber auch in unseren Gemüseregalen findet man diesen Vertreter der Blumenkohlfamilie immer häufiger.

Charakteristisch sind die »minarettförmigen« Röschen, weshalb er häufig auch einfach nur Türmchenblumenkohl genannt wird. Übrigens ist diese Sorte nicht nur sehr dekorativ, sondern hat höhere Vitamin- und Mineralstoffgehalte als der weiße Blumenkohl. Romanesco wird wie herkömmlicher Blumenkohl zubereitet, er wird ganz oder zerteilt in Salzwasser gegart und dann nach Belieben weiterverarbeitet.

Chicorée
im Kasselermantel

1. Chicorée waschen, längs halbieren und den Strunk entfernen. Chicoréehälften in Salzwasser ca. 10 Minuten garen. Kartoffeln schälen und in Salzwasser ca. 20 Minuten garen. Chicoréehälften abgießen, mit jeweils 1 Scheibe Kasseler Aufschnitt umwickeln und mit Holzspießen feststecken. Chicoréehälften in eine Auflaufform (ca. 15 x 20 cm) legen.

2. Backofen auf 200 °C (Gas: Stufe 3, Umluft: 180 °C) vorheizen. Saft der Orangen auspressen. Orangensaft mit Frischkäse verrühren, mit Salz und Pfeffer würzen. Frischkäsemasse über dem Chicorée verteilen. Chicorée im Backofen auf mittlerer Schiene ca. 15 Minuten garen. Kartoffeln abgießen. Petersilie waschen und trocken schütteln. Chicorée im Kasselermantel mit Kartoffeln und mit Petersilie bestreut servieren.

Für 1 Person

2 Stauden Chicorée
Salz
300 g festkochende Kartoffeln
4 Scheiben Kasseler Aufschnitt
2 Orangen
3 EL Frischkäse,
bis 1 % Fett absolut
Pfeffer
einige Blätter Petersilie

Pro Person
11 ProPoints Wert

Zubereitungszeit: ca. 10 Minuten
Garzeit: ca. 25 Minuten

Paprika-Lauch-Auflauf

1. Kartoffeln schälen und in Salzwasser ca. 20 Minuten garen. Zwiebeln schälen und vierteln. Lauch waschen und in Ringe schneiden. Zucchini waschen und in Scheiben schneiden. Paprikaschoten waschen, entkernen und in Streifen schneiden. Öl in einer Pfanne erhitzen, Zwiebelviertel und Lauchringe darin ca. 2 Minuten andünsten. Zucchinischeiben und Paprikastreifen zufügen, mit Salz und Pfeffer würzen und unter Rühren ca. 5 Minuten garen.

2. Backofen auf 175 °C (Gas: Stufe 2, Umluft: 155 °C) vorheizen. Kartoffeln abgießen und in Scheiben schneiden. Gemüse und Kartoffelscheiben abwechselnd in eine Auflaufform (ca. 20 x 25 cm) schichten. Schafskäse zerbröckeln, mit saurer Sahne, Milch und Kräutern der Provence verrühren und mit Salz und Pfeffer würzen.

3. Sauce über das Gemüse geben und Emmentaler darüberstreuen. Auflauf im Backofen auf mittlerer Schiene in ca. 15 Minuten überbacken. Gemüseauflauf servieren.

Für 2 Personen

600 g festkochende Kartoffeln
Salz
2 Zwiebeln
2 Stangen Lauch
1 Zucchini
je 1 rote und gelbe Paprikaschote
1 TL Pflanzenöl
Pfeffer
50 g Schafskäse light
6 EL saure Sahne
125 ml fettarme Milch
2 TL Kräuter der Provence (frisch oder getrocknet)
4 EL geriebener Emmentaler, 30 % Fett i. Tr.

Pro Person
12 ProPoints Wert

Zubereitungszeit: ca. 15 Minuten
Garzeit: ca. 25 Minuten

Gemüsepuffer
mit Kräuterdip

1. Zwiebel, Sellerie, Kartoffeln und Karotten schälen. Zucchini waschen. Zwiebel würfeln. Karotten, Sellerie, Kartoffeln und Zucchini raspeln. Knoblauch schälen und pressen. Mehl mit 1 Esslöffel Wasser und Eiern verrühren. Zwiebelwürfel, Gemüseraspel, Knoblauch und Haselnüsse unterrühren. Mit Salz und Cayennepfeffer würzen.

2. Öl portionsweise in einer Pfanne erhitzen. Aus der Gemüsemasse kleine Puffer formen und portionsweise von jeder Seite 5–8 Minuten knusprig und braun braten. Quark mit Zitronensaft verrühren, Kräuter untermischen. Kräuterdip mit Salz und Pfeffer würzen. Gemüsepuffer mit Kräuterdip servieren.

Pro Person 9 ProPoints Wert

Zubereitungszeit: ca. 25 Minuten
Garzeit: ca. 15 Minuten

Für 4 Personen

1 Zwiebel
½ Knollensellerie
400 g mehligkochende Kartoffeln
4 Karotten
1 kleine Zucchini
1 Knoblauchzehe
6 EL Mehl
3 Eier
1 TL gehackte Haselnüsse
Salz
Cayennepfeffer
2 EL Pflanzenöl
450 g Magerquark
1 EL Zitronensaft
1 TL gehackter Thymian (frisch oder getrocknet)
1 TL gehackter Oregano (frisch oder getrocknet)
1 TL gehacktes Basilikum (frisch oder TK)
Pfeffer

Scharfe Gemüsepfanne
mit Tatarbällchen

1. Reis nach Packungsanweisung in Salzwasser garen. Zwiebel und Knoblauch schälen und beides fein hacken. Mit Tatar, Eigelb, Salz und Currypulver verkneten. Tatarmasse zu kleinen Bällchen formen. Paprikaschoten waschen, entkernen und in Streifen schneiden. Lauchzwiebeln und Zitronengras waschen und in Stücke schneiden.

2. Öl in einer Pfanne erhitzten, Tatarbällchen darin ca. 5 Minuten rundherum braten und herausnehmen. Paprikastreifen, Lauchzwiebel- und Zitronengrasstücke im Bratensatz ca. 1 Minute anbraten. Tomatensaft angießen und ca. 10 Minuten köcheln lassen. Currypaste und Zucker einrühren, Sauce mit Salz und Pfeffer kräftig würzen. Fleischbällchen untermischen und kurz erhitzen. Gemüsepfanne mit Basmatireis und mit Petersilie bestreut servieren.

Pro Person
6 ProPoints Wert

Zubereitungszeit: ca. 25 Minuten
Garzeit: ca. 25 Minuten

Für 4 Personen

120 g trockener Basmatireis
Salz
1 kleine Zwiebel
1 Knoblauchzehe
240 g Tatar
1 Eigelb
1 TL Currypulver
je 1 rote, gelbe und grüne Paprikaschote
1 Bund Lauchzwiebeln
1 Stängel Zitronengras
3 TL Pflanzenöl
300 ml Tomatensaft
1 TL rote Currypaste (ersatzweise 1 TL Currypulver)
1 Prise Zucker
Pfeffer
2 EL gehackte Petersilie (frisch oder TK)

Ofengemüse
mit Käsesauce

1. Kohlrabi und Karotten schälen und in Streifen schneiden. Kartoffeln schälen, Champignons trocken abreiben und beides in Würfel schneiden. Kohlrabi- und Karottenstreifen mit Kartoffelwürfeln in Salzwasser ca. 10 Minuten vorgaren. Petersilie waschen, trocken schütteln und fein hacken.

2. Backofen auf 180 °C (Gas: Stufe 2, Umluft: 160 °C) vorheizen. Gemüse abgießen und mit Champignonwürfeln in eine Auflaufform schichten. Mit Salz und Pfeffer würzen und mit Petersilie bestreuen. Käse, Milch und Frischkäse verrühren, mit Salz und Pfeffer würzen und über das Gemüse geben. Gemüse mit Sesamsamen bestreuen. Ofengemüse mit Käsesauce im Backofen ca. 30 Minuten garen und servieren.

Für 4 Personen

2 Kohlrabi
8 Karotten
400 g festkochende Kartoffeln
400 g Champignons
Salz
1 Bund Petersilie
grob gemahlener Pfeffer
8 EL geriebener Käse, 30 % Fett i. Tr.
375 ml fettarme Milch
6 EL Frischkäse, bis 1 % Fett absolut
4 TL Sesamsamen

Pro Person
6 ProPoints Wert

Zubereitungszeit: ca. 15 Minuten
Garzeit: ca. 40 Minuten

Deftiger Zwiebelkuchen

1. Hefe zerbröckeln und in 75 ml Milch auflösen. 560 g Mehl in eine Schüssel geben und in die Mitte eine Vertiefung drücken. Hefemilch hineingeben, mit etwas Mehl verrühren und den Vorteig zugedeckt an einem warmen Ort ca. 15 Minuten gehen lassen. Halbfettmargarine in übriger Milch auflösen, mit 1 Prise Salz und Wasser zum Vorteig geben, zu einem glatten Teig verkneten und ca. 30 Minuten gehen lassen.

2. Backofen auf 200 °C (Gas: Stufe 3, Umluft: 180 °C) vorheizen. Zwiebeln schälen und in Ringe, Schinken in Würfel schneiden. Öl in einer Pfanne erhitzen, Schinkenwürfel darin knusprig braten und herausnehmen. Zwiebelringe im Bratensatz goldgelb anbraten. Saure Sahne, Kümmel, Eier und Käse verquirlen und mit Salz und Pfeffer würzen.

3. Arbeitsfläche mit restlichem Mehl bestäuben und Hefeteig darauf zu einem Rechteck ausrollen. Auf ein mit Backpapier ausgelegtes Backblech legen. Zwiebelringe auf dem Teig verteilen, mit Schinkenwürfeln bestreuen und Saure-Sahne-Eier-Mischung darübergießen. Kuchen im Backofen auf mittlerer Schiene ca. 35 Minuten backen. Zwiebelkuchen in Stücken servieren.

Für 12 Stücke

1 Würfel Hefe
125 ml lauwarme fettarme Milch
570 g Mehl
2 EL Halbfettmargarine
Salz
125 ml Wasser
1 kg Gemüsezwiebeln
120 g roher Schinken
1 TL Pflanzenöl
300 g saure Sahne
1 TL Kümmel
3 Eier
145 g geriebener Emmentaler, 30 % Fett i. Tr.
Pfeffer

Pro Stück 7 ProPoints Wert

Zubereitungszeit: ca. 30 Minuten
Ruhezeit: ca. 45 Minuten
Backzeit: ca. 35 Minuten

Tipp

Statt auf dem Backblech können Sie den Zwiebelkuchen auch in kleinen ofenfesten Förmchen backen. Teig in 12 Portionen teilen und in mit Backpapier ausgelegte Torteletteförmchen legen.

Gefülltes Gemüse

1. Für die gefüllten Tomaten die Tomaten waschen, den oberen Deckel abschneiden und Tomaten mit einem Teelöffel entkernen. Zwiebeln schälen und mit Oliven fein würfeln. Mit Frischkäse, Joghurt und 2 Esslöffeln Petersilie verrühren und mit Salz und Pfeffer pikant würzen. Frischkäsecreme in die Tomaten füllen und mit restlicher Petersilie garnieren und servieren.

Pro Person
2 ProPoints Wert

2. Für die gefüllten Mini-Paprika die Paprikaschoten waschen, den Deckel abschneiden und entkernen. Pinienkerne hacken und 1 Teelöffel abnehmen. Rest mit Ziegenfrischkäse, Joghurt und Honig verrühren und mit Salz und Pfeffer würzen. Ziegenfrischkäsecreme in die Paprikahälften füllen, mit buntem Pfeffer und Pinienkernen bestreut servieren.

Pro Person
2 ProPoints Wert

3. Für die gefüllten Gurken die Minigurken waschen, längs halbieren und entkernen. Tunfisch abtropfen lassen und mit Frischkäse vermischen. Gewürzgurken in feine Würfel schneiden und mit Kapern zur Tunfischmasse geben. Masse pikant mit Salz und Pfeffer würzen. Dill waschen, trocken schütteln und hacken. Tunfischmasse in die Gurkenhälften füllen, mit Dill garnieren und servieren.

Pro Person
2 ProPoints Wert

Zubereitungszeit: insgesamt ca. 15 Minuten

Für 4 Personen

Für die gefüllten Tomaten:

4 Tomaten
2 rote Zwiebeln
10 grüne Oliven, ohne Stein
6 EL Frischkäse, bis 1 % Fett absolut
100 g fettarmer Joghurt
4 EL gehackte Petersilie (frisch oder TK)
Salz, Pfeffer

Für die gefüllten Mini-Paprika:

4 grüne oder bunte Mini-Paprikaschoten
1 EL Pinienkerne
90 g Ziegenfrischkäse
100 g fettarmer Joghurt
1 TL Honig
Salz, Pfeffer
bunter Pfeffer

Für die gefüllten Gurken:

2 Minigurken
210 g Tunfisch im eigenen Saft (Konserve)
6 EL Frischkäse, bis 1 % Fett absolut
2 Gewürzgurken
2 EL Kapern
Salz, Pfeffer
einige Zweige Dill

Großer Fitnesssalat

1. Broccoli und Blumenkohl waschen und in Röschen teilen. Rosenkohl waschen und halbieren. Fenchel waschen, vierteln und den Strunk entfernen. Paprikaschoten waschen, entkernen und mit Fenchel in Streifen schneiden. Pilze trocken abreiben und in Scheiben schneiden. Lollo rosso waschen, trocken schleudern und in mundgerechte Stücke zerteilen. Kohlrabi und Karotten schälen. Kohlrabi und Karotten in Stifte schneiden.

2. Zuckererbsenschoten waschen und mit Broccoli- und Blumenkohlröschen, Rosenkohlhälften, Fenchelstreifen, Kohlrabi- und Karottenstiften in kochendem Salzwasser ca. 5 Minuten blanchieren, abgießen und abtropfen lassen.

3. Gemüse mit Paprikastreifen, Lollo rosso und Pilzscheiben mischen und auf Tellern anrichten. Sprossen waschen, abtropfen lassen und darauf verteilen. Saft der Zitronenhälfte auspressen. Für das Dressing Buttermilch, Joghurt und Zitronensaft verrühren. Dressing mit Salz, Pfeffer und Zucker würzen und über den Salat geben. Fitnesssalat servieren.

Für 4 Personen

200 g Broccoli
1 kleiner Blumenkohl
200 g Rosenkohl
1 Fenchel
je 1 rote und grüne Paprikaschote
150 g Champignons
1 Lollo rosso
2 Kohlrabi
500 g junge Karotten
100 g Zuckererbsenschoten
Salz
100 g Alfalfasprossen
(ersatzweise andere Sprossen)
½ unbehandelte Zitrone
250 g Buttermilch
150 g fettarmer Joghurt
Pfeffer
1 Prise Zucker

Pro Person
1 ProPoints Wert

Zubereitungszeit: ca. 25 Minuten
Garzeit: ca. 5 Minuten

Gemüsesalat *mit Joghurtdressing*

1. Fenchel waschen, halbieren und den Strunk entfernen. Paprikaschoten waschen, entkernen und mit Fenchel in Streifen schneiden. Broccoli waschen und in Röschen teilen. Fenchel- und Paprikastreifen mit Broccoliröschen in kochendem Salzwasser ca. 5 Minuten blanchieren. Zucchini und Staudensellerie waschen und in Scheiben, Karotten schälen und in Stifte schneiden. Tomaten waschen und achteln. Radieschen waschen und halbieren. Gemüse mit Kidneybohnen und Maiskölbchen auf Tellern anrichten.

2. Zwiebeln schälen und in feine Würfel schneiden. Für das Dressing Joghurt mit Milch und Senf glatt rühren, Zwiebelwürfel zugeben. Dressing mit Salz, Pfeffer, Paprikapulver und Zucker würzen. Gemüsesalat mit Dressing beträufeln und servieren.

Pro Person 3 ProPoints Wert

Zubereitungszeit: ca. 15 Minuten
Garzeit: ca. 5 Minuten

Für 4 Personen

1 Fenchel
je 1 gelbe und rote Paprikaschote
150 g Broccoli
Salz
1 Zucchini
4 Stangen Staudensellerie
4 Karotten
4 Tomaten
1 Bund Radieschen
5 EL Kidneybohnen (Konserve)
150 g kleine Maiskölbchen (Konserve)
2 rote Zwiebeln
375 g fettarmer Joghurt
125 ml fettarme Milch
2 TL milder Senf
Pfeffer
Paprikapulver
1 Prise Zucker

Radieschensalat *mit Sprossen*

1. Salat waschen, trocken schleudern und in mundgerechte Stücke zerteilen. Radieschen und Gurke waschen und in Scheiben schneiden. Dill und Petersilie waschen, trocken schütteln und hacken. Sprossen waschen und abtropfen lassen. Salat mit Radieschen- und Gurkenscheiben, Sprossen und Kräutern mischen.

2. Für das Dressing Zwiebel schälen und fein würfeln. Zwiebelwürfel mit Honig, Öl, Gemüsebrühe und Essig verrühren. Dressing mit Salz und Pfeffer würzen und mit dem Salat vermengen. Radieschensalat mit Brötchen servieren.

Pro Person
5 ProPoints Wert

Zubereitungszeit: ca. 15 Minuten

Für 4 Personen

1 Kopf Eichblattsalat
2 Bund Radieschen
½ Salatgurke
1 Bund Dill
1 Bund Petersilie
100 g Sojasprossen
1 rote Zwiebel
4 TL Honig
3 TL Pflanzenöl
5 EL Gemüsebrühe
(1 Prise Instantpulver)
3 EL Apfelessig
Salz
Pfeffer
4 Brötchen

Radieschen

Die Zeit, in der Radieschen nur zum Dekorieren von Salaten verwendet wurden, ist lange vorbei. Radieschen gehören zur Rettichfamilie und schmecken leicht senfig, sind jedoch weniger scharf als Rettich. Radieschen werden mit Grün als Bündelware angeboten und sind nur wenige Tage haltbar. Geputzt und in verschlossenen Kunststoffbeuteln verpackt, bleiben sie im Kühlschrank etwas länger haltbar.

Mango-Sprossen-Salat

1. Kopfsalat waschen, trocken schleudern und in mundgerechte Stücke zerteilen. Chicorée waschen, den Strunk entfernen und Chicorée in Blätter teilen. Paprikaschoten waschen, entkernen und in feine Streifen schneiden. Mangos schälen, das Fruchtfleisch vom Stein schneiden und in dünne Spalten schneiden. Sojasprossen waschen und abtropfen lassen. Kresse vom Beet schneiden. Alle Salatzutaten mischen.

2. Für das Dressing Zwiebeln schälen und fein hacken. Zwiebelwürfel mit Essig, Öl und Sojasauce verrühren und mit Pfeffer würzen. Dressing über den Salat geben. Mango-Sprossen-Salat servieren.

Für 4 Personen

1 Kopfsalat
2 Stauden Chicorée
2 rote Paprikaschoten
2 kleine Mangos (à 400 g)
200 g Sojasprossen
1 Beet Kresse
2 kleine Zwiebeln
8 TL Sherryessig
4 TL Pflanzenöl
4 TL Sojasauce
grob gemahlener Pfeffer

Pro Person
1 ProPoints Wert

Zubereitungszeit: ca. 15 Minuten

Linsensalat
mit Zwiebeldressing

1. Linsen in kochender Gemüsebrühe ca. 5 Minuten garen und weitere 5 Minuten ausquellen lassen. Zucchini waschen und würfeln. Paprikaschoten waschen, entkernen und in Streifen schneiden. Zucchiniwürfel und Paprikastreifen mit den Linsen vermengen.

2. Schalotten schälen und in Ringe schneiden. 1 Teelöffel Öl in einer Pfanne erhitzen, Schalottenringe darin glasig andünsten. Mit Zucker bestreuen, Rotwein angießen und ca. 5 Minuten einkochen lassen. Senf mit restlichem Öl, Essig, Salz und Pfeffer verrühren und zu den Schalotten geben. Linsensalat mit Dressing servieren.

Pro Person 8 ProPoints Wert

Zubereitungszeit: ca. 10 Minuten
Garzeit: ca. 15 Minuten

Für 4 Personen

240 g rote Linsen
500 ml Gemüsebrühe
(2 TL Instantpulver)
2 Zucchini
je 1 gelbe und rote Paprikaschote
4 Schalotten
2 TL Pflanzenöl
1 EL Zucker
200 ml trockener Rotwein
2 EL Senf
4 EL Weißweinessig
Salz
Pfeffer

Blattsalat
mit Mais und Tomaten

1. Eier in kochendem Wasser ca. 10 Minuten hart kochen. Blattsalate waschen, trocken schleudern und in mundgerechte Stücke zerteilen. Mais abtropfen lassen. Zwiebeln schälen und in Ringe, Tomaten waschen und in Spalten schneiden. Eier abschrecken, pellen und in Scheiben schneiden. Blattsalate mit Zwiebelringen, Tomatenspalten, Mais und Eierscheiben auf Tellern anrichten.

2. Joghurt mit saurer Sahne und Ketchup verrühren. Dressing mit Knoblauchsalz und Pfeffer würzen und über den Salat geben. Salat mit Schnittlauchringen bestreuen und servieren.

Pro Person
5 ProPoints Wert

Zubereitungszeit: ca. 10 Minuten
Garzeit: ca. 10 Minuten

Für 4 Personen

2 Eier
je ½ Kopf Eisbergsalat, Friséesalat und Lollo rosso
350 g Mais (Konserve)
3 kleine Zwiebeln
8 Tomaten
250 g fettarmer Joghurt
4 EL saure Sahne
1 EL Ketchup
Knoblauchsalz
Pfeffer
4 EL Schnittlauchringe (frisch oder TK)

Feldsalat
mit Champignondressing

Feldsalat waschen, trocken schleudern und auf Teller verteilen. Sesamsamen in einer Pfanne fettfrei goldbraun anrösten und beiseitestellen. Champignons trocken abreiben. Öl in einer Pfanne erhitzen, Champignons darin bei starker Hitze ca. 5 Minuten anbraten, mit Salz, Pfeffer und Kräutern würzen und mit Essig übergießen. Champignons und Garsud auf dem Salat verteilen und Sesamsamen darüber streuen. Mit Champignondressing servieren.

Für 4 Personen

500 g Feldsalat
4 TL Sesamsamen
8 TL Olivenöl
600 g kleine Champignons
Salz
Pfeffer
2 TL italienische Kräuter (TK)
8 EL heller Balsamicoessig

Pro Person
3 ProPoints Wert

Zubereitungszeit: ca. 10 Minuten
Garzeit: ca. 5 Minuten

Rot-weißer Bohnensalat

1. Kidneybohnen und weiße Bohnen abtropfen lassen. Petersilie waschen, trocken schütteln und grob hacken. Tomatenmark mit Gemüsebrühe, Essig und 4 Esslöffeln gehackter Petersilie verrühren. Dressing mit Salz, Pfeffer, Cayennepfeffer und Zucker würzen.

2. Lauchzwiebeln waschen und in Ringe schneiden. Lauchzwiebelringe und restliche Petersilie mit Kidneybohnen, weißen Bohnen, Thymian und Dressing verrühren. Eisbergsalat waschen, trocken schleudern und in mundgerechte Stücke zerteilen. Teller mit Salatblättern auslegen und Bohnensalat darauf anrichten.

Pro Person
2 ProPoints Wert

Zubereitungszeit: ca. 10 Minuten

Für 4 Personen

200 g Kidneybohnen (Konserve)
200 g weiße Bohnen (Konserve)
1 ½ Bund glatte Petersilie
4 EL Tomatenmark
300 ml Gemüsebrühe
(1 TL Instantpulver)
4 TL dunkler Balsamicoessig
Salz
Pfeffer
2 Msp. Cayennepfeffer
1 Prise Zucker
2 Bund Lauchzwiebeln
4 TL gehackter Thymian
(frisch oder getrocknet)
1 Eisbergsalat

Spinatsalat
mit Knoblauch-Croûtons

Für 4 Personen

200 g Cocktailtomaten
2 Zwiebeln
800 g Blattspinat
4 EL Weißweinessig
4 TL Olivenöl
4 EL Gemüsebrühe
(1 Prise Instantpulver)
2 TL Schnittlauchringe
(frisch oder TK)
Salz
Pfeffer
1 Prise Zucker
2 Scheiben Toastbrot
1 Knoblauchzehe

1. Cocktailtomaten waschen und halbieren. Zwiebeln schälen und in Ringe schneiden. Blattspinat waschen, trocken schleudern und in mundgerechte Stücke zerteilen. Vorbereitete Salatzutaten auf Tellern anrichten.

2. Für das Dressing Essig mit 3 Teelöffeln Öl, Gemüsebrühe und Schnittlauchringen verrühren. Dressing mit Salz, Pfeffer und Zucker pikant würzen.

3. Für die Croûtons Toastbrot in Würfel schneiden. Knoblauch schälen und pressen. Restliches Öl in einer Pfanne erhitzen, Knoblauch und Toastbrotwürfel zufügen und goldbraun anrösten. Spinatsalat mit Dressing beträufeln, mit Knoblauch-Croûtons bestreuen und servieren.

Pro Person
2 ProPoints® Wert

Zubereitungszeit: ca. 10 Minuten
Garzeit: ca. 5 Minuten

Kichererbsen-Tomaten-Salat

1. Kichererbsen abtropfen lassen. Tomaten und Lauchzwiebeln waschen, Tomaten in dünne Spalten und Lauchzwiebeln in Ringe schneiden. Petersilie waschen, trocken schütteln und grob hacken. Tomatenspalten mit Lauchzwiebelringen, Petersilie und Kichererbsen vermischen.

2. Für das Dressing Knoblauch schälen und pressen, mit Joghurt und Zitronensaft glatt rühren. Mit Kardamom, Kreuzkümmel, Salz, Pfeffer und Zucker pikant würzen und über den Salat geben. Kurz ziehen lassen und servieren.

Für 4 Personen

500 g Kichererbsen (Konserve)
12 Tomaten
1 Bund Lauchzwiebeln
1 Bund glatte Petersilie
1 Knoblauchzehe
250 g fettarmer Joghurt
3 TL Zitronensaft
1 Msp. Kardamom
1 Msp. Kreuzkümmel
Salz, Pfeffer
1 Prise Zucker

Pro Person 6 ProPoints Wert

Zubereitungszeit: ca. 10 Minuten

Gemüse-Antipasti

1. Zucchini und Auberginen waschen und in Scheiben, Paprikaschote waschen, entkernen und in grobe Stücke schneiden. Zwiebeln schälen, Champignons trocken abreiben und beides halbieren.

2. 1 Esslöffel Öl in einer Pfanne erhitzen, Zucchinischeiben und Paprikastücke darin von jeder Seite ca. 3 Minuten braun anbraten und auf Küchenpapier abtropfen lassen. 1 Esslöffel Öl im Bratensatz erhitzen, Auberginenscheiben darin von jeder Seite 3–5 Minuten braten. Restliches Öl im Bratensatz erhitzen, Zwiebel- und Champignonhälften darin ca. 5 Minuten anbraten.

3. Saft der Zitronen auspressen. Zitronensaft mit Essig, Senf, Gemüsebrühe und Thymian verrühren. Dressing mit Salz, Pfeffer und Zucker pikant würzen. Vorbereitetes Gemüse auf Platten anrichten, mit Dressing beträufeln, nach Wunsch mit frischem Thymian garnieren und servieren.

Für 4 Personen

2 Zucchini
2 Auberginen
1 rote Paprikaschote
200 g kleine weiße Zwiebeln
500 g kleine Champignons
3 EL Olivenöl
2 Zitronen
2 EL Weißweinessig
2 EL mittelscharfer Senf
80 ml Gemüsebrühe
(½ TL Instantpulver)
4 TL gehackter Thymian
(frisch oder getrocknet)
Salz
bunter Pfeffer
1 Prise Zucker

Pro Person
2 ProPoints® Wert

Zubereitungszeit: ca. 10 Minuten
Garzeit: ca. 20 Minuten

Paprika-Tunfisch-Salat
mit Bruschetta

1. Paprikaschoten waschen, entkernen und würfeln. Schalotten schälen und würfeln. Tunfisch abtropfen lassen, mit Paprika- und Schalottenwürfeln vermengen. Tunfisch mit Essig, Rosmarin, Salz und Pfeffer pikant würzen.

2. Backofen auf 220 °C (Gas: Stufe 3, Umluft: 200 °C) vorheizen. Knoblauch schälen, halbieren und Baguettebrotscheiben damit einstreichen. Tomaten kreuzweise einritzen, mit kochendem Wasser überbrühen, häuten, entkernen und in feine Würfel schneiden. Tomatenwürfel, Käse und Kräuter der Provence vermengen und auf den Baguettescheiben verteilen. Im Backofen ca. 5 Minuten gratinieren und mit Paprika-Tunfisch-Salat servieren.

Pro Person 6 ProPoints Wert

Zubereitungszeit: ca. 15 Minuten
Garzeit: ca. 5 Minuten

Für 4 Personen

je 1 gelbe, rote und grüne Paprikaschote
2 Schalotten
1 Dose Tunfisch im eigenen Saft (150 g Abtropfgewicht)
1 EL Weißweinessig
2 TL gehackter Rosmarin (frisch oder getrocknet)
Salz
Pfeffer
1 Knoblauchzehe
8 Scheiben Baguettebrot
4 Tomaten
4 EL geriebener Käse, 30 % Fett i. Tr.
2 TL Kräuter der Provence

Paprika-Chinakohl-Salat

1. Paprikaschoten waschen, entkernen und in Rauten schneiden. Chinakohl putzen, vierteln und den Strunk entfernen. Chinakohl in Streifen schneiden. Sprossen waschen und abtropfen lassen. Petersilie waschen, trocken schütteln und hacken. Paprikarauten, Chinakohlstreifen, Sprossen und Petersilie mischen.

2. Gemüsebrühe mit Senf und Essig verrühren und Öl unterschlagen. Dressing mit Salz, Pfeffer und Zucker würzen. Salat mit Dressing vermengen und servieren.

Pro Person 2 ProPoints Wert

Zubereitungszeit: ca. 10 Minuten

Für 4 Personen

1 gelbe und 2 rote Paprikaschoten
1 Chinakohl
250 g gemischte Sprossen (z. B. Mungobohnensprossen, Alfalfasprossen, Radieschensprossen)
1 Bund Petersilie
200 ml Gemüsebrühe (1 TL Instantpulver)
4 TL mittelscharfer Senf
8 EL Weißweinessig
8 TL Walnussöl
Salz
Pfeffer
1 Prise Zucker

Spargelsalat
mit Artischocken

1. Spargel waschen, das untere Drittel schälen und Stangen in Stücke schneiden. Spargelstücke in Salzwasser ca. 5 Minuten blanchieren und abtropfen lassen. Artischockenherzen abtropfen lassen. Karotten schälen und in feine Scheiben schneiden. Champignons trocken abreiben und mit Artischockenherzen vierteln. Käse in Streifen schneiden und alles vermengen.

2. Für das Dressing Buttermilch mit Orangen- und Zitronensaft verrühren. Dressing mit Salz und Pfeffer würzen. Salat mit Dressing beträufeln und servieren.

Für 4 Personen

250 g grüner Spargel
Salz
240 g Artischockenherzen (Konserve)
2 Karotten
250 g Champignons
3 Scheiben Edamer, 30 % Fett i. Tr.
250 g Buttermilch
50 ml Orangensaft
2 TL Zitronensaft
bunter Pfeffer

Pro Person 2 ProPoints Wert

Zubereitungszeit: ca. 10 Minuten
Garzeit: ca. 5 Minuten

Tomaten-Gurken-Salat *mit Oliven*

1. Tomaten waschen und achteln. Peperoni abtropfen lassen und in dünne Streifen schneiden. Gurken waschen und in Scheiben, Zwiebeln schälen und in Ringe schneiden. Majoran und Thymian waschen, trocken schütteln und hacken. Schafskäse abtropfen lassen und in Würfel schneiden. Alles mit Oliven mischen.

2. Für das Dressing Öl mit Essig verrühren. Knoblauch schälen, pressen und zugeben. Dressing mit Salz und Pfeffer würzen und über die Salatzutaten träufeln. Tomaten-Gurken-Salat servieren.

Pro Person 5 ProPoints Wert

Zubereitungszeit: ca. 15 Minuten

Für 4 Personen

500 g Tomaten
je 1 eingelegte rote und grüne Peperoni
2 Salatgurken
2 Zwiebeln
½ Bund Majoran
½ Bund Thymian
150 g Schafskäse light
75 g grüne Oliven, ohne Stein
6 schwarze Oliven, ohne Stein
4 TL Olivenöl
3 EL Kräuteressig
1–2 Knoblauchzehen
Salz
Pfeffer

Oliven

Oliven gehören zu den Steinfrüchten. Ihre Farbe variiert von grün über rot-violett bis dunkelblau, und sie haben einen herben, leicht bitteren Geschmack. Der Anbau von Oliven erfolgt vor allem in den Mittelmeerländern, aber auch in Südamerika und in Kalifornien. Durch das Einlegen in Essig oder Salzwasser werden die Früchte erst genießbar. Würzig mariniert mit Kräutern, Knoblauch und Gewürzen sind sie besonders beliebt und begehrt. Schwarze Oliven werden hauptsächlich mit Stein angeboten, während es die grünen Oliven pur, gefüllt mit Paprika, Mandeln oder Sardellen gibt. Etwa 90 % der Oliven werden zu Öl verarbeitet, die restliche Ernte wird als Tafeloliven verwendet. Die Oliven werden immer noch mühsam von Hand geerntet. Die Ernte beginnt im Herbst mit den grünen, noch unreifen Oliven, gefolgt von den halbreifen lila Früchten und endet mit den ausgereiften, schwarzen Früchten. Unmittelbar nach der Ernte werden sie verlesen, gewaschen und dann zu Olivenöl oder Tafeloliven weiterverarbeitet.

Das geht immer, auch zwischendurch

Snacks & Aufstriche

Gemüse-Snacks *mit Dips*

Für 4 Personen

4 Karotten
1 Kohlrabi
3 Stangen Staudensellerie
je 1 gelbe, rote und grüne Paprikaschote
Salz
Pfeffer

Für den Paprikadip

1 rote Chilischote
225 g Magerquark
1 TL Paprikapulver

Für den Dilldip

½ Bund Dill (ersatzweise Petersilie)
250 g fettarmer Joghurt
1 EL Zitronensaft

Für den Currydip

6 EL Hüttenkäse, 20 % Fett i. Tr.
2 TL Currypulver
1 EL Balsamicoessig
1 Prise Zucker

1. Karotten und Kohlrabi schälen und in Stifte schneiden. Staudensellerie waschen und in Stücke schneiden. Paprikaschoten waschen und entkernen. Eine halbe rote Paprikaschote würfeln und restliche Paprikaschoten in Streifen schneiden. Gemüse auf einer Platte anrichten.

2. Für den Paprikadip Chilischote waschen, entkernen und in feine Ringe schneiden. Mit Quark, Paprikawürfeln und Paprikapulver pürieren. Mit Salz und Pfeffer würzen.

Pro Person 1 ProPoints Wert

3. Für den Dilldip Dill waschen, trocken schütteln und fein hacken. Mit Joghurt und Zitronensaft verrühren und mit Salz und Pfeffer würzen.

Pro Person 1 ProPoints Wert

4. Für den Currydip Hüttenkäse mit Currypulver und Essig verrühren. Mit Salz, Pfeffer und Zucker würzen.

Pro Person 1 ProPoints Wert

5. Dips in kleine Schüsseln füllen, nach Wunsch garnieren und mit dem Gemüse servieren.

Zubereitungszeit: ca. 25 Minuten

Gemüse-Joghurt-Aufstrich

1. Karotten schälen. Paprikaschote und Zucchini waschen. Paprikaschote entkernen und alles in sehr feine Würfel schneiden. Schnittlauch waschen, trocken schütteln und in feine Ringe schneiden.

2. Joghurt mit Salatcreme und Zitronensaft verrühren, mit Salz und Pfeffer würzen. Gemüsewürfel und Pinienkerne bis auf 1 Teelöffel unterrühren. Aufstrich mit Salz und Pfeffer würzen, mit restlichen Pinienkernen bestreuen und servieren.

Pro Person 2 ProPoints Wert

Zubereitungszeit: ca. 10 Minuten

Für 4 Personen

2 Karotten
1 rote Paprikaschote
1 kleine Zucchini
1 Bund Schnittlauch
150 g Magermilchjoghurt
2 EL Salatcreme, bis 20 % Fett
1 EL Zitronensaft
Salz
Pfeffer
1 EL Pinienkerne

Käsecreme
mit Tomaten und Rucola

1. Tomaten waschen, entkernen und fein würfeln. Rucola waschen, trocken schleudern und fein hacken. Rucola mit Tomatenwürfeln, Hüttenkäse und Pecorino vermengen.

2. Mischung mit Essig zu einer geschmeidigen Creme verrühren und mit Salz und Pfeffer kräftig würzen. Dazu passt pro Person eine Scheibe Baguettebrot. Berechnen Sie sich dafür zusätzlich den *ProPoints*® Wert 2.

Für 4 Personen

2 Tomaten
1 Bund Rucola
4 EL Hüttenkäse, 20 % Fett i. Tr.
4 EL geriebener Pecorino
(ersatzweise Parmesan)
1 EL Balsamicoessig
Salz
Pfeffer

Pro Person
2 ProPoints Wert®

Zubereitungszeit: ca. 10 Minuten

Radieschen-Oliven-Quark

1. Eier in kochendem Wasser ca. 10 Minuten hart kochen. Quark mit Mineralwasser glatt rühren und mit Salz und Pfeffer würzen. Eier abschrecken, pellen und vierteln. Radieschen waschen und mit Oliven in Scheiben schneiden. Tomaten waschen, Gurke schälen und beides in Würfel schneiden.

2. Petersilie waschen, trocken schütteln und grob hacken. 1 Teelöffel zum Garnieren beiseitestellen. Knoblauch schälen und pressen. Knoblauch mit restlicher Petersilie, Radieschenscheiben, Tomaten- und Gurkenwürfeln mischen. Mischung mit Salz und Pfeffer würzen.

3. Die Hälfte der Quarkmasse in eine Schüssel geben. Zwei Drittel der Gemüsemischung darauf verteilen und mit übrigem Quark bedecken. Eierspalten außen herumsetzen und die restliche Gemüsemischung in die Mitte geben. Mit Petersilie garnieren und servieren.

Für 4 Personen

2 Eier
450 g Magerquark
50 ml kohlensäurehaltiges Mineralwasser
Salz
Pfeffer
1 Bund Radieschen
10 grüne Oliven, ohne Stein
2 Fleischtomaten
½ Salatgurke
1 Bund glatte Petersilie
1 Knoblauchzehe

Pro Person 3 ProPoints Wert

Zubereitungszeit: ca. 15 Minuten

Schafskäsecreme

1. Schafskäse mit einer Gabel zerdrücken und mit Quark und Joghurt zu einer glatten Creme verrühren.

2. Zwiebeln schälen, Paprikaschoten waschen, entkernen und beides fein würfeln. Gewürzgurken abtropfen lassen und fein hacken. Mit Zwiebel- und Paprikawürfeln unter die Käsecreme rühren. Creme mit Kümmel, Senf und Paprikapulver würzen. Schafskäsecreme mit Salz und Pfeffer kräftig abschmecken, mit Schnittlauchringen bestreuen und servieren.

Pro Person
5 ProPoints Wert

Zubereitungszeit: ca. 10 Minuten

Für 4 Personen

120 g Schafskäse light
600 g Magerquark
250 g fettarmer Joghurt
3 kleine Zwiebeln
2 rote Paprikaschoten
4 kleine Gewürzgurken
1 TL Kümmel
4 TL Senf
1 TL Paprikapulver
Salz
Pfeffer
4 EL Schnittlauchringe (frisch oder TK)

Zweierlei Tramezzini

1. Für die Gemüse-Tramezzini Joghurt mit Salatcreme und Paprikapulver verrühren. Mit Salz und Pfeffer würzen. Kohlrabi und Karotte schälen, Zucchini waschen und alles in Stifte schneiden.

2. Toastbrot mit einem Teil Paprika-Joghurt bestreichen, mit einem Teil der Gemüsestifte belegen, mit zweitem Toast abdecken, vierteln und mit kleinen Spießchen feststecken. Restlichen Paprika-Joghurt als Dip zu übrigen Gemüsestiften servieren.

3. Für die Rucola-Salami-Tramezzini Tomatenmark mit Sojasauce und Essig verrühren. Mit Zucker, Salz, Pfeffer und Chilipulver würzen. Salami in Streifen schneiden. Rucola waschen und trocken schleudern.

4. Beide Toastscheiben mit Tomatencreme bestreichen, mit Rucola und Salamistreifen belegen, vierteln, mit kleinen Spießchen feststecken und servieren.

Pro Person 4 ProPoints Wert

Zubereitungszeit: ca. 10 Minuten

Für 4 Personen

Für die Gemüsetramezzini:

100 g fettarmer Joghurt
1 EL Salatcreme, bis 20 % Fett
½ TL Paprikapulver
Salz
Pfeffer
½ Kohlrabi
1 Karotte
½ Zucchini
2 Scheiben Toastbrot

Für die Rucola-Salami-Tramezzini:

2 TL Tomatenmark
1 TL Sojasauce
1 TL Balsamicoessig
1 Prise Zucker
Salz
Pfeffer
Chilipulver
40 g Salami
100 g Rucola
2 Scheiben Toastbrot

Bruschetta
mit Bohnen

1. Backofen auf 150 °C (Gas: Stufe 1, Umluft: 130 °C) vorheizen. Baguette in 12 Scheiben schneiden, auf ein mit Backpapier ausgelegtes Backblech legen und im Backofen auf mittlerer Schiene ca. 5 Minuten rösten.

2. Bohnen abtropfen lassen. Tomaten waschen, Zwiebel schälen und beides fein würfeln. Öl in einer Pfanne erhitzen, Zwiebelwürfel darin ca. 1 Minute andünsten. Bohnen, Tomatenwürfel und Essig zufügen und ca. 5 Minuten dünsten. Tomatenmark einrühren und Bohnen mit Rosmarin, Salz und Pfeffer würzen.

3. Knoblauch schälen und halbieren. Warme Baguettescheiben damit einreiben, mit Bohnenmasse belegen und servieren.

Pro Scheibe
2 ProPoints Wert

Zubereitungszeit: ca. 15 Minuten
Backzeit: ca. 5 Minuten
Garzeit: ca. 5 Minuten

Für 12 Scheiben

250 g Baguette
100 g weiße Bohnen (Konserve)
2 Tomaten
1 Zwiebel
1 TL Pflanzenöl
2 EL Balsamicoessig
1 TL Tomatenmark
2 TL gehackter Rosmarin (frisch oder getrocknet)
Salz
Pfeffer
1 Knoblauchzehe

Gefülltes Fladenbrot

1. Für das Tzatziki Gurke waschen und raspeln. Knoblauch schälen und pressen. Joghurt mit Knoblauch verrühren und mit Salz und Pfeffer würzen.

2. Tomate waschen und in Scheiben schneiden. Zwiebel schälen und in Ringe schneiden. Weißkohl putzen und den Strunk entfernen. Weißkohl fein hobeln. Peperoni abtropfen lassen und halbieren. Schafskäse zerbröckeln.

3. Fladenbrot auf einem Toaster von beiden Seiten rösten und mit einem Teil des Gemüses, des Tzatzikis und dem Schafskäse füllen. Fladenbrot mit restlichem Gemüse und Tzatziki servieren.

Für 1 Person

¼ Salatgurke
½ Knoblauchzehe
150 g Magermilchjoghurt
Salz
bunter Pfeffer
1 Tomate
½ Zwiebel
100 g Weißkohl
2 grüne Peperoni (Konserve)
50 g Schafskäse light
1 Stück Fladenbrot (75 g)

Pro Person 10 ProPoints Wert

Zubereitungszeit: ca. 10 Minuten

Zucchinirollen
und Knabbersticks

Für 4 Personen

Für die Zucchinirollen:

90 g Ziegenfrischkäse
150 g fettarmer Joghurt
1 EL gehackte Pfefferminze
2 TL Zitronensaft
Salz
Pfeffer
2 Zucchini

Für die Knabbersticks:

2 TL mittelscharfer Senf
50 g fettarmer Joghurt
1 Prise Zucker
Chilipulver
4 Scheiben gekochter Schinken
4 Grissini
½ Bund Schnittlauch

1. Für die Zucchinirollen Ziegenfrischkäse mit Joghurt pürieren. Pfefferminze und Zitronensaft unterrühren. Mit Salz und Pfeffer würzen.

2. Zucchini waschen, längs in feine Scheiben schneiden und in einer Pfanne mit 2 Esslöffeln Wasser von beiden Seiten kurz anbraten. Zucchinischeiben mit Ziegenfrischkäsecreme bestreichen, aufrollen und mit Spießen feststecken.

3. Für die Knabbersticks Senf mit Joghurt verrühren und mit Zucker und Chilipulver würzen. Schinkenscheiben mit Senfcreme bestreichen, mit Grissini belegen und aufrollen. Knabbersticks mit Schnittlauch festbinden und servieren.

Pro Person
4 ProPoints Wert

Zubereitungszeit: ca. 15 Minuten
Garzeit: ca. 10 Minuten

Roastbeef-Sandwich

1. Radieschen und Gurke waschen und beides fein würfeln. Quark mit Radieschen-, Gurkenwürfeln und Mineralwasser verrühren, mit Salz und Pfeffer würzen.

2. Toastscheiben diagonal halbieren. 2 Scheiben Vollkorntoast mit Quarkmasse bestreichen und jeweils mit einer Scheibe Roastbeef belegen. Mit Toasthälften abdecken und wie untere belegen. Mit restlichen Vollkorntoasts abdecken. Roastbeef-Sandwich zum Mitnehmen in Frischhaltefolie einschlagen.

Für 2 Personen

½ Bund Radieschen
½ kleine Salatgurke
3 EL Magerquark
2 EL kohlensäurehaltiges Mineralwasser
Salz
Pfeffer
2 Scheiben Vollkorntoastbrot
1 Scheibe Toastbrot
4 Scheiben Roastbeef

Pro Person
6 ProPoints Wert®

Zubereitungszeit: ca. 10 Minuten

Lachstoast *mit Apfel*

1. Saure Sahne mit Dill verrühren und mit Salz, Pfeffer und Currypulver würzen. Brotscheibe toasten und mit Dillsahne bestreichen. Toast mit Räucherlachs belegen.

2. Apfel waschen, vierteln und entkernen. Ein Apfelviertel in dünne Spalten schneiden und auf den Toast legen. Restlichen Apfel würfeln und mit Zitronensaft beträufeln. Staudensellerie waschen, in Scheiben schneiden und mit den Apfelwürfeln mischen. Mischung mit Salz, Pfeffer und Zucker würzen und extra zum Lachstoast servieren.

Pro Person 5 ProPoints Wert®

Zubereitungszeit: ca. 5 Minuten

Für 1 Person

1 EL saure Sahne
½ TL gehackter Dill (frisch oder TK)
Salz
Pfeffer
Currypulver
1 Scheibe Toastbrot
1 Scheibe Räucherlachs (50 g)
1 Apfel
2 TL Zitronensaft
1 Stange Staudensellerie
1 Prise Zucker

Knuspertoast
mit Blattspinat

1. Knoblauch schälen und pressen. Schalotte schälen und fein würfeln. Champignons trocken abreiben und in Scheiben schneiden. Spinat waschen und trocken schleudern. Öl in einer Pfanne erhitzen, Knoblauch und Schalottenwürfeln darin glasig andünsten. Spinat und Champignonscheiben zugeben, mit Salz, Pfeffer und Muskatnuss würzen und 7–8 Minuten garen. Backofen auf 250 °C (Gas: Stufe 4, Umluft: 230 °C) vorheizen.

2. Toastbrot knusprig toasten, mit Gemüse belegen und mit geriebenem Käse bestreuen. Toast im Backofen auf mittlerer Schiene ca. 5 Minuten überbacken und servieren.

Für 1 Person

1 Knoblauchzehe
1 Schalotte
100 g Champignons
150 g Blattspinat
1 TL Pflanzenöl
Salz
Pfeffer
1 Prise geriebene Muskatnuss
2 Scheiben Toastbrot
3 EL geriebener Käse, 30 % Fett i. Tr.

Pro Person
7 ProPoints Wert

Zubereitungszeit: ca. 5 Minuten
Garzeit: ca. 10 Minuten

Birnen-Camembert-Snack

1. Camembert mit einer Gabel zerdrücken, mit Quark und Walnüssen vermischen. Camembertcreme mit Salz und Pfeffer würzen.

2. Vollkornbrot toasten. Birnen waschen, halbieren und das Kerngehäuse entfernen. 4 Birnenhälften in Spalten schneiden. Brotscheiben mit Käsecreme bestreichen und mit Birnenspalten belegen. Restliche Käsecreme in die übrigen Birnenhälften füllen. Toast und Birnenhälften auf Tellern anrichten, mit Honig beträufeln und servieren.

Für 4 Personen

120 g Camembert, 30 % Fett i. Tr.
300 g Magerquark
3 TL gehackte Walnüsse
Salz
Pfeffer
4 Scheiben Vollkornbrot
4 reife Birnen
4 TL Honig

Pro Person
7 ProPoints Wert

Zubereitungszeit: ca. 10 Minuten

Kleine Belohnungen

Süße Speisen & Kuchen

Joghurtmousse *mit Rhabarber*

Für 4 Personen

4 Blatt Gelatine
½ Zitrone
3 EL Frischkäse,
bis 1 % Fett absolut
500 g fettarmer Joghurt
einige Tropfen flüssiger Süßstoff
1 kg Rhabarber
400 ml Apfelsaft
2 EL Vanillepuddingpulver
50 ml Wasser

1. Gelatine nach Packungsanweisung in kaltem Wasser einweichen. Saft der Zitronenhälfte auspressen. Frischkäse und Joghurt verrühren, mit Zitronensaft und Süßstoff abschmecken. Gelatine ausdrücken, auflösen und mit der Joghurtmasse vermengen. Joghurtmousse in 4 Formen (à 150 ml) füllen und im Kühlschrank ca. 3 Stunden erkalten lassen.

2. Rhabarber waschen, in Stücke schneiden und mit Apfelsaft in einem Topf ca. 3 Minuten garen. Puddingpulver in Wasser anrühren, zum Rhabarber geben und nochmals aufkochen. Rhabarber abkühlen lassen und mit Süßstoff abschmecken.

3. Joghurtmousse auf Dessertteller stürzen, mit Rhabarberkompott garnieren und servieren.

Pro Person
4 ProPoints Wert

Zubereitungszeit: ca. 15 Minuten
Garzeit: ca. 10 Minuten
Kühlzeit: ca. 3 Stunden

Rote Birnen
mit Vanillejoghurt

1. Kirschsaft mit Zimtstange und Nelken aufkochen. Birnen schälen, halbieren und entkernen. Birnen sofort in den kochenden Kirschsaft geben und ca. 3 Minuten garen. Birnen im Saft auskühlen lassen.

2. Quark und Joghurt glatt rühren. Vanilleschote längs halbieren und Mark herauskratzen. Joghurtcreme mit Vanillemark und Süßstoff abschmecken. Vanillejoghurt als Spiegel auf große Teller gießen. Birnen darauf anrichten, mit Pistazien bestreuen und servieren.

Für 4 Personen

200 ml Kirschsaft
1 Zimtstange
2 Nelken
4 Birnen
3 EL Magerquark
500 g fettarmer Joghurt
½ Vanilleschote
einige Tropfen flüssiger Süßstoff
2 TL gehackte Pistazien

Pro Person
4 ProPoints Wert®

Zubereitungszeit: ca. 10 Minuten
Garzeit: ca. 10 Minuten
Kühlzeit: ca. 30 Minuten

Erdbeersorbet

1. Für den Zuckersirup den Saft der Limetten auspressen. Limettensaft mit Zucker und Wasser in einem Topf unter Rühren erhitzen, bis sich der Zucker gelöst hat. Zuckerlösung etwas abkühlen lassen. Gelatine nach Packungsanweisung in kaltem Wasser einweichen, ausdrücken und in der Zuckerlösung auflösen.

2. Erdbeeren waschen, pürieren und mit dem Zuckersirup verrühren. Masse in eine Schale füllen und ca. 5 Stunden gefrieren lassen, dabei mehrmals mit dem Pürierstab durchrühren. Das Sorbet in Kugeln auf Teller verteilen und sofort servieren.

Für 4 Personen

3 Limetten (ersatzweise Zitronen)
120 g brauner Zucker
50 ml Wasser
2 Blatt weiße Gelatine
500 g Erdbeeren (ersatzweise TK)

Pro Person
3 ProPoints® Wert

Zubereitungszeit: ca. 10 Minuten
Garzeit: ca. 5 Minuten
Gefrierzeit: ca. 5 Stunden

Tipp

Sorbet in einen Spritzbeutel mit Sterntülle füllen und in gekühlte Gläser spritzen.

Gefüllte Aprikosen

1. Puddingpulver mit 75 ml Milch anrühren. Restliche Milch und Kaffee in einem Topf erhitzen. Puddingpulver einrühren, aufkochen und abkühlen lassen.

2. Aprikosen kreuzweise einritzen, mit kochendem Wasser überbrühen und häuten. Aprikosen halbieren und entsteinen.

3. Kaffee-Karamell-Pudding, Quark und Crème légère mit dem Handrührgerät aufschlagen und mit Süßstoff abschmecken. Puddingmasse in einen Spritzbeutel füllen und in die Aprikosenhälften spritzen. Mit Pistazien bestreuen und servieren.

Für 10 Stück

60 g Karamellpuddingpulver
250 ml fettarme Milch
125 ml Kaffee
5 Aprikosen
6 EL Magerquark
1 EL Crème légère
einige Tropfen flüssiger Süßstoff
2 TL gehackte Pistazien

Pro Stück
1 ProPoints Wert

Zubereitungszeit: ca. 15 Minuten
Garzeit: ca. 5 Minuten
Kühlzeit: ca. 20 Minuten

Crêpes *mit Vanillebeeren*

1. Eier, Mehl, Salz, 250 ml Milch und Wasser zu einem glatten Teig verrühren und ca. 15 Minuten quellen lassen. Öl portionsweise in einer Pfanne erhitzen und darin nacheinander 4 dünne Crêpes abbacken.

2. Puddingpulver mit restlicher Milch und Vanillezucker verrühren und aufkochen. Beeren zufügen und kurz erhitzen, bis die Beeren aufgetaut sind. Vanillebeeren mit Süßstoff abschmecken. Crêpes mit Vanillebeeren servieren.

Pro Person
11 ProPoints Wert

Zubereitungszeit: ca. 20 Minuten
Quellzeit: ca. 15 Minuten
Backzeit: ca. 15 Minuten

Für 4 Personen

3 Eier
240 g Mehl
1 Prise Salz
375 ml fettarme Milch
4 EL Wasser
4 TL Pflanzenöl
2 EL Vanillepuddingpulver
2 Päckchen Vanillezucker
500 g gemischte Beeren (TK)
einige Tropfen flüssiger Süßstoff

Hirseschmarren
mit Beerensauce

1. Hirse in Wasser nach Packungsanweisung ca. 25 Minuten garen. Eier trennen. Eigelbe, Salz, Mehl, 2 Esslöffel Puderzucker und Walnüsse unter die Hirse ziehen. Masse kurz abkühlen lassen.

2. Für die Beerensauce Beeren auftauen lassen, in einen Topf geben und vorsichtig erhitzen. Speisestärke mit Wasser anrühren, unter die Beeren rühren und kurz köcheln lassen. Mit Süßstoff abschmecken.

3. Eiweiße steif schlagen und unter die Hirsemasse ziehen. Öl portionsweise in einer Pfanne erhitzen, Hirsemasse darin portionsweise leicht goldbraun backen, wenden, mit einer Gabel zerkleinern und fertig backen.

4. Hirseschmarren und Beerensauce auf Tellern anrichten. Hirseschmarren mit restlichem Puderzucker und Zimtpulver bestreuen. Saure Sahne cremig rühren und tropfenweise in die Beerensauce geben. Mit Minze garnieren und servieren.

Für 4 Personen

160 g trockene Hirse
600 ml Wasser
3 Eier
1 Prise Salz
2 EL Mehl
3 EL Puderzucker
3 TL gehackte Walnüsse
600 g gemischte Beeren (TK)
2 TL Speisestärke
2 EL Wasser
einige Tropfen flüssiger Süßstoff
2 TL Pflanzenöl
Zimtpulver
2 EL saure Sahne
einige Minzeblätter

Pro Person
9 ProPoints Wert

Zubereitungszeit: ca. 20 Minuten
Garzeit: ca. 25 Minuten
Backzeit: ca. 15 Minuten

Milchreis-Kirsch-Auflauf

Für 4 Personen

500 ml fettarme Milch
einige Tropfen Vanillearoma
einige Tropfen flüssiger Süßstoff
200 g trockener Milchreis
150 g Kirschen
(Konserve, ohne Zucker)
2 Eiweiß
1 Prise Salz

1. Milch mit Vanillearoma und Süßstoff in einem Topf aufkochen, Milchreis einrühren und zugedeckt ca. 30 Minuten ausquellen lassen. Backofen auf 180 °C (Gas: Stufe 2, Umluft: 160 °C) vorheizen.

2. Kirschen abtropfen lassen. Eiweiße mit Salz steif schlagen und den Eischnee unter den Reis heben.

3. Die Hälfte Milchreis in eine flache Auflaufform (ca. 20 x 25 cm) geben, Kirschen und restlichen Milchreis darüber verteilen. Milchreis-Kirsch-Auflauf im Backofen auf mittlerer Schiene ca. 20 Minuten backen.

Pro Person
6 ProPoints® Wert

Zubereitungszeit: ca. 15 Minuten
Garzeit: ca. 50 Minuten

Gebackene Ananas

Für 4 Personen

250 ml fettarme Milch
4 EL trockener Weichweizengrieß
225 g Magerquark
4 EL kohlensäurehaltiges Mineralwasser
einige Tropfen Vanillearoma
einige Tropfen flüssiger Süßstoff
1 Ei
3 TL gehackte Mandeln
4 Scheiben Ananas (200 g, Konserve, ohne Zucker)
1 EL Pflanzenöl

1. Milch in einem Topf aufkochen, Grieß einrühren, ca. 15 Minuten ausquellen und den Grieß etwas abkühlen lassen.

2. Quark mit Mineralwasser verrühren und mit Vanillearoma und Süßstoff abschmecken.

3. Grieß mit Ei, 2 Teelöffeln Mandeln und Süßstoff verrühren. Ananasscheiben abtropfen lassen, in der Grießmasse wenden. Öl in einer Pfanne erhitzen und Ananasscheiben darin von jeder Seite in ca. 3 Minuten goldbraun backen.

4. Gebackene Ananas mit Vanillequark und restlichen Mandeln bestreut servieren.

Pro Person 5 ProPoints Wert

Zubereitungszeit: ca. 10 Minuten
Garzeit: ca. 25 Minuten

Edle Teetaler

Für 20 Stück

280 g Mehl
½ TL Backpulver
75 g Zucker
1 Päckchen Vanillezucker
1 Ei
125 g Halbfettmargarine
60 g Aprikosenkonfitüre, kalorienreduziert
60 g Kirschkonfitüre, kalorienreduziert
1 EL Puderzucker

1. Mehl auf eine Arbeitsfläche sieben und in die Mitte eine Vertiefung drücken. Backpulver, Zucker, Vanillezucker und Ei hineingeben. Halbfettmargarine in Stücken an den Rand setzen und alles zu einem glatten Teig verkneten. Teig zu einer Kugel formen, in Frischhaltefolie wickeln und ca. 30 Minuten kalt stellen.
Backofen auf 175 °C (Gas: Stufe 2, Umluft: 155 °C) vorheizen.

2. Teig dünn ausrollen und daraus 75 Plätzchen in drei verschiedenen Größen ausstechen. Plätzchen auf ein mit Backpapier ausgelegtes Backblech setzen und im Backofen auf mittlerer Schiene ca. 15 Minuten backen.

3. Konfitüre jeweils in kleinen Töpfen erwärmen. Kleine und mittelgroße Plätzchen auf der Unterseite mit Konfitüre bestreichen und terrassenförmig auf die großen setzen. Plätzchen mit Puderzucker bestäuben und servieren.

Pro Stück
2 ProPoints Wert

Zubereitungszeit: ca. 25 Minuten
Ruhezeit: ca. 30 Minuten
Backzeit: ca. 15 Minuten

Kleine Espressokuchen

1. Backofen auf 200 °C (Gas: Stufe 3, Umluft: 180 °C) vorheizen. Halbfettmargarine mit Zucker, Vanillearoma, Kaffeelikör und Espressopulver schaumig rühren. Eier untermischen. Mehl, Speisestärke und Backpulver mischen, sieben und unterrühren.

2. Teig in 8 große Papier-Muffinformen (oder gefettete ofenfeste Tassen) verteilen, im Backofen auf mittlerer Schiene ca. 20 Minuten backen. Espressokuchen herausnehmen und abkühlen lassen.

3. Puderzucker mit Orangensaft verrühren und in einen kleinen Gefrierbeutel geben, eine Ecke abschneiden. Espressokuchen mit Guss verzieren. Auf jeden Kuchen eine Mokkabohne setzen.

Für 8 Stück

115 g Halbfettmargarine
50 g Zucker
einige Tropfen Vanillearoma
20 ml Kaffeelikör
2 TL Espressopulver (Instant)
2 Eier
110 g Mehl
50 g Speisestärke
1 TL Backpulver
3 EL Puderzucker
3 EL Orangensaft
8 Mokkabohnen

Pro Stück
6 ProPoints Wert

Zubereitungszeit: ca. 15 Minuten
Backzeit: ca. 20 Minuten

Tipp

Die Espressokuchen schmecken auch sehr lecker, wenn Sie anstelle des Kaffeelikörs einige Tropfen Rumaroma mit in den Teig geben. Der ProPoints® Wert reduziert sich auf 5.

Mandel-Orangen-Häufchen

1. Milch, Mandeln, Haferflocken, Honig und Salz verrühren, in einen Topf geben und 8–10 Minuten hellbraun karamellisieren lassen. Zimtpulver und Orangenlikör unterrühren. Masse ca. 30 Minuten kalt stellen.

2. Backofen auf 180 °C (Gas: Stufe 2, Umluft: 160 °C) vorheizen. Mandeln halbieren. Backoblaten auf einem mit Backpapier ausgelegten Backblech verteilen. Mit 2 Teelöffeln kleine Teighaufen daraufgeben und mit je ½ Mandel verzieren. Im Backofen auf mittlerer Schiene ca. 15 Minuten backen. Auskühlen lassen und servieren.

Für 60 Stück

125 g fettarme Milch
90 g gemahlene Mandeln
90 g gehackte Mandeln
140 g zarte Haferflocken
150 g Honig
1 Prise Salz
1 TL Zimtpulver
20 ml Orangenlikör
30 geschälte Mandeln
60 Backoblaten (ø 5 cm)

Pro Stück
1 ProPoints Wert

Zubereitungszeit: ca. 25 Minuten
Kühlzeit: ca. 30 Minuten
Backzeit: ca. 15 Minuten

Schwarz-Weiß-Gebäck

1. Mehl und Backpulver mischen. Mit Halbfettmargarine, Zucker, Vanillezucker, Salz, Rumaroma und Ei zu einem glatten Teig verkneten. Teig in Frischhaltefolie wickeln und ca. 30 Minuten kalt stellen.

2. Backofen auf 200 °C (Gas: Stufe 3, Umluft: 180° C) vorheizen. Teig halbieren. Kakaopulver mit Zucker vermischen und unter eine Teighälfte kneten. Dunklen Teig zu einer Rolle formen, den hellen Teig ausrollen und um die dunkle Teigrolle legen.

3. Teig in 36 Scheiben schneiden. Plätzchen auf ein mit Backpapier ausgelegtes Backblech legen. Im Backofen auf mittlerer Schiene ca. 10 Minuten backen. Plätzchen auskühlen lassen und servieren.

Für 36 Stück

260 g Mehl
½ TL Backpulver
110 g Halbfettmargarine
120 g Zucker
1 TL Vanillezucker
1 Prise Salz
einige Tropfen Rumaroma
1 Ei
1 EL Kakaopulver
1 EL brauner Zucker

Pro Stück 1 ProPoints Wert

Zubereitungszeit: ca. 15 Minuten
Ruhezeit: ca. 30 Minuten
Backzeit: ca. 10 Minuten

Waldbeerenschnitten

1. Backofen auf 220 °C (Gas: Stufe 3, Umluft: 200 °C) vorheizen. Eier trennen. Eigelbe mit Zucker und 3 Esslöffeln lauwarmem Wasser dickschaumig schlagen. Mehl mit Backpulver vermischen und darübersieben. Eiweiße sehr steif schlagen und mit der Mehlmischung vorsichtig unterheben.

2. Teig auf ein mit Backpapier ausgelegtes Backblech streichen und im Backofen auf mittlerer Schiene ca. 10 Minuten backen. Teigplatte sofort auf ein Küchentuch stürzen und Backpapier vorsichtig abziehen.

3. Teigplatte wieder auf das Backblech legen. Gelatine nach Packungsanweisung in kaltem Wasser einweichen, ausdrücken und auflösen. Mit Johannisbeersaft, Mineralwasser und Vanillezucker vermischen, etwas andicken lassen. Quark unterziehen und mit Süßstoff abschmecken. Quarkcreme auf die Biskuitplatte streichen und ca. 1 Stunde kalt stellen. Beeren in einem Sieb auftauen lassen und auf der Creme verteilen. Waldbeerenschnitten in Stücken servieren.

Für 20 Stücke

6 Eier
150 g Zucker
180 g Vollkornmehl
1 TL Backpulver
8 Blatt weiße Gelatine
4 Blatt rote Gelatine
200 ml Johannisbeersaft
30 ml kohlensäurehaltiges Mineralwasser
1 Päckchen Vanillezucker
525 g Magerquark
einige Tropfen flüssiger Süßstoff
1 kg Waldbeeren (TK)

Pro Stück
3 ProPoints Wert

Zubereitungszeit: ca. 35 Minuten
Kühlzeit: ca. 1 Stunde
Backzeit: ca. 10 Minuten

Altdeutscher Obstkuchen

1. Vanilleschote längs halbieren und Mark herauskratzen. Orangenschale abreiben. Pflaumen waschen, halbieren und entsteinen. Äpfel waschen, vierteln, entkernen und in Spalten schneiden.

2. Halbfettmargarine mit Zucker, Vanillemark und Orangenschale schaumig rühren. Eier einzeln zugeben und verrühren. Mehl mit Speisestärke und Backpulver mischen und sieben, nach und nach unterziehen. Milch hinzufügen und unter den Teig rühren, bis der Teig schwer reißend vom Löffel fällt. Teig gleichmäßig auf ein mit Backpapier ausgelegtes Backblech streichen.

3. Backofen auf 180 °C (Gas: Stufe 2, Umluft: 160 °C) vorheizen. Pflaumenhälften und Apfelspalten auf dem Teig verteilen. Zimtpulver und Zucker mischen und darüberstreuen. Obstkuchen im Backofen auf mittlerer Schiene ca. 35 Minuten backen. Obstkuchen abkühlen lassen und in Stücken servieren.

Pro Stück 4 ProPoints Wert

Zubereitungszeit: ca. 30 Minuten
Backzeit: ca. 35 Minuten

Für 20 Stücke

1 Vanilleschote
1 unbehandelte Orange
500 g Pflaumen
500 g mürbe Äpfel (z. B. Boskop)
120 g Halbfettmargarine
120 g Zucker
4 Eier
190 g Mehl
200 g Speisestärke
2 TL Backpulver
3 EL fettarme Milch
½ TL Zimtpulver
1 EL Zucker

Feiner Walnusskuchen

1. Backofen auf 175 °C (Gas: Stufe 2, Umluft: 155 °C) vorheizen. Halbfettmargarine schaumig schlagen, nach und nach Eier, Honig und Vanillearoma unterrühren. Mehl mit Backpulver mischen und sieben, mit den gemahlenen Walnüssen mischen und unter die Margarine-Honig-Masse rühren.

2. Teig in eine mit Backpapier ausgelegte Kastenform (26 cm Länge) füllen und im Backofen auf mittlerer Schiene ca. 1 Stunde 15 Minuten backen. Walnusskuchen auskühlen lassen, aus der Form stürzen und in Stücken servieren.

Für 16 Stücke

250 g Halbfettmargarine
3 Eier
180 g Honig
einige Tropfen Vanillearoma
200 g Mehl
2 TL Backpulver
100 g gemahlene Walnüsse

Pro Stück
5 ProPoints® Wert

Zubereitungszeit: ca. 20 Minuten
Backzeit: ca. 1 Stunde 15 Minuten

Tipp

Garnieren Sie den Kuchen mit 50 g geschmolzener weißer Kuvertüre und 3 Teelöffeln gehackten Pistazien. Der ProPoints® Wert erhöht sich auf 6.

Ananas-Reis-Torte

1. Löffelbiskuits in einen Gefrierbeutel geben und mit einem Nudelholz oder Fleischklopfer zerbröseln. Halbfettmargarine in einem Topf schmelzen, mit den Bröseln vermischen und in eine mit Backpapier ausgelegte Springform (ø 26 cm) drücken. Keksboden ca. 30 Minuten kalt stellen und fest werden lassen.

2. Ananasstücke gut abtropfen lassen. Mit Joghurt, Zucker, Milchreis, Vanillezucker und Zitronensaft vermengen. Gelatine in kaltem Wasser nach Packungsanweisung einweichen, ausdrücken und auflösen. Gelatine unter die Joghurt-Milchreis-Masse ziehen. Joghurt-Milchreis-Masse ca. 30 Minuten kalt stellen, bis sie zu gelieren beginnt. Füllung auf dem Keksboden verteilen, glatt streichen und die Torte ca. 3 Stunden kalt stellen.

Für 12 Stücke

150 g Löffelbiskuits
130 g Halbfettmargarine
200 g Ananasstücke (Konserve, ohne Zucker)
500 g fettarmer Joghurt
40 g Zucker
310 g Milchreis (Fertigprodukt)
2 Päckchen Vanillezucker
2 TL Zitronensaft
6 Blatt weiße Gelatine

Pro Stück 5 ProPoints Wert

Zubereitungszeit: ca. 25 Minuten
Kühlzeit: ca. 3 Stunden 30 Minuten

Lebkuchen-Kaffee-Torte

1. Lebkuchen zerbröseln, mit Halbfettmargarine und Raspelschokolade verkneten. Masse in eine mit Backpapier ausgelegte Springform (ø 26 cm) drücken, ca. 30 Minuten kalt stellen und fest werden lassen.

2. Frischkäse mit Joghurt und Kaffeepulver verrühren und mit Süßstoff abschmecken. Tortenguss mit Zucker und Wasser erhitzen und unter die Kaffeecreme ziehen.

3. Kaffeecreme auf dem Lebkuchenboden verteilen, glatt streichen und ca. 3 Stunden in den Kühlschrank stellen. Torte mit Kakaopulver bestäuben und in Stücken servieren.

Für 12 Stücke

160 g Lebkuchen
90 g Halbfettmargarine
50 g Raspelschokolade
450 g Frischkäse, bis 1 % absolut
150 g fettarmer Joghurt
2 TL Kaffeepulver (Instant)
einige Tropfen flüssiger Süßstoff
1 Packung roter Tortenguss, ohne Zucker
3 EL Zucker
250 ml Wasser
1 TL Kakaopulver

Pro Stück
4 ProPoints Wert

Zubereitungszeit: ca. 25 Minuten
Kühlzeit: ca. 3 Stunden 30 Minuten

Rezeptregister

alphabetisch & nach ProPoints® Wert

Rezeptregister
alphabetisch

A
Altdeutscher Obstkuchen 242
Ananas-Reis-Torte 246
Ananas, Gebackene 233
Aprikosen, Gefüllte 228
Auberginengemüse 156

B
Bandnudeln mit Lachssauce 140
Birnen mit Vanillejoghurt, Rote 224
Birnen-Camembert-Snack 219
Blattsalat mit Mais und Tomaten 186
Bohnensalat, Rot-Weißer 188
Borschtsch, Russischer 30
Bratkartoffeln mit Paprika und Salat 98
Broccolipfanne mit Schweinefleisch 66
Brühe selbst gemacht 16
Bruschetta mit Bohnen 210
Bunte Röschen mit Zitronensauce 162

C
Champignonsuppe 27
Chicorée im Kasselermantel 164
Chili con Carne 63
Chili-Mais-Topf mit Tatar 37
Chili-Reis-Pfanne 124
Crêpes mit Vanillebeeren 229
Curryhuhn mit Mangold 49

D/E
Deftiger Zwiebelkuchen 172
Edle Teetaler 234
Entenbrust mit Broccoli und Mandeln 46
Erdbeersorbet 226
Espressokuchen, Kleine 236

F
Farfalle mit Rucola-Tomaten-Sauce 133
Feiner Walnusskuchen 244
Feldsalat mit Champignondressing 187
Fenchel-Risotto 116
Fitnesssalat, Großer 176
Fladenbrot, Gefülltes 212
Fleischkuchen mit Mais und Tomaten 74
Frische Gemüsesuppe 16
Fusilli mit Gemüse-Käse-Sauce 132

G
Garnelen-Reis-Pfanne 120
Garnelenpfanne mit Spinat 92
Gebackene Ananas 233
Geflügeltopf mit roten Linsen 34
Gefüllte Aprikosen 228
Gefüllte Frühlingskartoffeln 102
Gefülltes Fladenbrot 212
Gefülltes Gemüse 174
Gemüse-Antipasti 192
Gemüse-Joghurt-Aufstrich 204
Gemüse-Nudel-Auflauf 146
Gemüse-Reis-Pfanne mit Lamm 72

Gemüse-Risotto 123
Gemüse-Snacks mit Dips 202
Gemüse, Gefülltes 174
Gemüsecurry, Indisches 150
Gemüsepfanne mit Tatarbällchen, Scharfe 168
Gemüsepuffer mit Kräuterdip 166
Gemüsesalat mit Joghurtdressing 178
Gemüsespieße mit Currysauce 154
Gemüsesuppe mit Kohl 28
Gemüsesuppe, Frische 16
Großer Fitnesssalat 176
Gulaschtopf mit Paprika 38
Gyros mit Fladenbrot 57

H

Hähnchen-Spargel-Pfanne 52
Hähnchenbrust mit Mangochutney 48
Hirseschmarren mit Beerensauce 230
Hühnertopf mit Bohnen und Safran 36

I/J

Indisches Gemüsecurry 150
Joghurtmousse mit Rhabarber 222

K

Kabeljaupfanne 90
Karotten-Ingwer-Suppe 22
Kartoffel-Gemüse-Pfanne 107
Kartoffel-Gemüse-Wok 112
Kartoffel-Lauch-Waffeln 100
Kartoffel-Tomaten-Suppe 18
Kartoffelkuchen, Würziger 108
Kartoffelpfanne mit Tatar 106
Kartoffeltorte mit Krabben 104
Käsecreme mit Tomaten und Rucola 205
Kichererbsen-Tomaten-Salat 191
Kleine Espressokuchen 236
Knuspertoast mit Blattspinat 218
Kräuterbraten 56

L

Lachsfilet mit Fruchtsauce 80
Lachstoast mit Apfel 217
Lammfilet mit Kräuterkruste 70
Lebkuchen-Kaffee-Torte 247
Leichtes Pfannengemüse 160
Limettenfisch mit Nusskruste 78
Linsensalat mit Zwiebeldressing 184
Linsensuppe mit Currycroûtons, Rote 24

M

Makkaroni mit Tomaten-Schinken-Sauce 138
Mandel-Orangen-Häufchen 238
Mango-Sprossen-Salat 182
Milchreis-Kirsch-Auflauf 232
Minestrone mit Reis 32

N

Nudel-Auberginen-Pfanne 134
Nudel-Paprika-Suppe 26
Nudeln mit Rindfleischsauce 142

O

Obstkuchen, Altdeutscher 242
Ofengemüse mit Käsesauce 170

P

Paella 118
Paprika-Chinakohl-Salat 195
Paprika-Lauch-Auflauf 165
Paprika-Tunfisch-Salat mit Bruschetta 194
Penne all’arrabbiata 130
Pfannengemüse, Leichtes 160

Puffer mit Tomatenquark 96
Putenrolle mit Rosmarinkartoffeln 44
Putenschnitzel in Orangen-Ingwer-Sauce 42

R

Radieschen-Oliven-Quark 206
Radieschensalat mit Sprossen 180
Ravioli mit Ricotta-Spinat-Füllung 136
Reispfanne mit Paprika und Zucchini 122
Reispfanne, Schnelle 117
Rinderroulade mit Rosenkohl und Kartoffeln 60
Roastbeef-Sandwich 216
Röschen mit Zitronensauce, Bunte 162
Rot-weißer Bohnensalat 188
Rotbarschfilet mit Paprikagemüse 84
Rote Birnen mit Vanillejoghurt 224
Rote Linsensuppe mit Currycroûtons 24
Russischer Borschtsch 30

S

Schafskäsecreme 207
Scharfe Gemüsepfanne mit Tatarbällchen 168
Scharfes Wokgemüse mit Lamm 68
Schmetterlingssteaks provençale 64
Schinken-Spinat-Pasteten 110
Schmorbraten mit Rosmarinsauce 58
Schmorgemüse in heller Sauce 152
Schnelle Reispfanne 117
Scholle mit Kräuterkruste 85
Schollenrollen mit Orangensauce 82
Schwarz-Weiß-Gebäck 239
Schweinefilet mit Kartoffelgratin 54
Schwertfisch in Safransauce 76
Seelachs mit grünem Pfeffer 86
Spaghetti mit Pilzsauce 128
Spaghetti mit Ziegenfrischkäse 126
Spargel mit Estragonsauce 157
Spargel mit Lachssteaks 88
Spargelsalat mit Artischocken 196
Spinatgnocchi mit Tomatensauce 114
Spinatlasagne 144
Spinatsalat mit Knoblauch-Croûtons 190

T

Tandoori-Hähnchen mit Gemüsereis 50
Teetaler, Edle 234
Tomaten-Gurken-Salat mit Oliven 198
Tomatensuppe mit Parmesan 20
Tramezzini, Zweierlei 208

W

Waldbeerenschnitten 240
Walnusskuchen, Feiner 244
Wirsing mit Kartoffelplätzchen 158
Wokgemüse mit Lamm, Scharfes 68
Würziger Kartoffelkuchen 108

Z

Zucchini-Creme-Suppe mit Croûtons 21
Zucchinirollen und Knabbersticks 214
Züricher Geschnetzeltes 62
Zweierlei Tramezzini 208
Zwiebelkuchen, Deftiger 172

Rezeptregister
nach ProPoints® Wert

0 ProPoints Wert

Champignonsuppe 27

1 ProPoints Wert

Fitnesssalat, Großer 176
Gefüllte Aprikosen 228
Gemüse-Snacks mit Dips 202
Großer Fitnesssalat 176
Leichtes Pfannengemüse 160
Mandel-Orangen-Häufchen 238
Mango-Sprossen-Salat 182
Schwarz-Weiß-Gebäck 239

2 ProPoints Wert

Bruschetta mit Bohnen 210
Bunte Röschen mit Zitronensauce 162
Edle Teetaler 234
Gefülltes Gemüse 174
Gemüse-Antipasti 192
Gemüse-Joghurt-Aufstrich 204
Käsecreme mit Tomaten und Rucola 205
Paprika-Chinakohl-Salat 195
Rot-weißer Bohnensalat 188
Schmorgemüse in heller Sauce 152
Spargelsalat mit Artischocken 196
Spinatsalat mit Knoblauch-Croûtons 190

3 ProPoints Wert

Erdbeersorbet 226
Feldsalat mit Champignondressing 187
Frische Gemüsesuppe 16
Gemüsesalat mit Joghurtdressing 178
Gulaschtopf mit Paprika 38
Radieschen-Oliven-Quark 206
Waldbeerenschnitten 240
Zucchini-Creme-Suppe mit Croûtons 21

4 ProPoints Wert

Altdeutscher Obstkuchen 242
Gemüsesuppe mit Kohl 28
Joghurtmousse mit Rhabarber 222
Karotten-Ingwer-Suppe 22
Lebkuchen-Kaffee-Torte 247
Nudel-Paprika-Suppe 26
Rote Birnen mit Vanillejoghurt 224
Tomatensuppe mit Parmesan 20
Zucchinirollen und Knabbersticks 214
Zweierlei Tramezzini 208

5 ProPoints Wert

Ananas-Reis-Torte 246
Blattsalat mit Mais und Tomaten 186
Feiner Walnusskuchen 244

Gebackene Ananas 233
Gemüsespieße mit Currysauce 154
Kräuterbraten 56
Lachstoast mit Apfel 217
Radieschensalat mit Sprossen 180
Reispfanne mit Paprika und Zucchini 122
Rote Linsensuppe mit Currycroûtons 24
Russischer Borschtsch 30
Schafskäsecreme 207
Tomaten-Gurken-Salat mit Oliven 198

6 ProPoints Wert

Auberginengemüse 156
Chili con Carne 63
Chili-Reis-Pfanne 124
Fleischkuchen mit Mais und Tomaten 74
Gefüllte Frühlingskartoffeln 102
Hähnchen-Spargel-Pfanne 52
Indisches Gemüsecurry 150
Kichererbsen-Tomaten-Salat 191
Kleine Espressokuchen 236
Milchreis-Kirsch-Auflauf 232
Ofengemüse mit Käsesauce 170
Paprika-Tunfisch-Salat mit Bruschetta 194
Penne all'arrabbiata 130
Roastbeef-Sandwich 216
Scharfe Gemüsepfanne mit Tatarbällchen 168
Scholle mit Kräuterkruste 85

7 ProPoints Wert

Birnen-Camembert-Snack 219
Broccolipfanne mit Schweinefleisch 66
Curryhuhn mit Mangold 49
Deftiger Zwiebelkuchen 172
Fenchel-Risotto 116
Garnelen-Reis-Pfanne 120
Garnelenpfanne mit Spinat 92
Gemüse-Risotto 123
Hähnchenbrust mit Mangochutney 48
Hühnertopf mit Bohnen und Safran 36
Kartoffel-Gemüse-Pfanne 107
Knuspertoast mit Blattspinat 218
Lammfilet mit Kräuterkruste 70
Minestrone mit Reis 32
Rotbarschfilet mit Paprikagemüse 84
Scharfes Wokgemüse mit Lamm 68
Schnelle Reispfanne 117
Schollenrollen mit Orangensauce 82
Seelachs mit grünem Pfeffer 86

8 ProPoints Wert

Chili-Mais-Topf mit Tatar 37
Farfalle mit Rucola-Tomaten-Sauce 133
Geflügeltopf mit roten Linsen 34
Kartoffel-Gemüse-Wok 112
Linsensalat mit Zwiebeldressing 184
Spaghetti mit Pilzsauce 128
Spaghetti mit Ziegenfrischkäse 126
Spargel mit Estragonsauce 157

9 ProPoints Wert

Bandnudeln mit Lachssauce 140
Entenbrust mit Broccoli und Mandeln 46
Fusilli mit Gemüse-Käse-Sauce 132

Gemüse-Reis-Pfanne mit Lamm 72
Gemüsepuffer mit Kräuterdip 166
Hirseschmarren mit Beerensauce 230
Kabeljaupfanne 90
Kartoffel-Tomaten-Suppe 18
Kartoffelpfanne mit Tatar 106
Kartoffeltorte mit Krabben 104
Makkaroni mit Tomaten-Schinken-Sauce 138
Nudel-Auberginen-Pfanne 134
Nudeln mit Rindfleischsauce 142
Putenschnitzel in Orangen-Ingwer-Sauce 42
Schmetterlingssteaks provençale 64
Schwertfisch in Safransauce 76
Züricher Geschnetzeltes 62

10 ProPoints Wert

Bratkartoffeln mit Paprika und Salat 98
Gefülltes Fladenbrot 212
Gyros mit Fladenbrot 57
Limettenfisch mit Nusskruste 78
Paella 118
Schinken-Spinat-Pasteten 110
Spinatgnocchi mit Tomatensauce 114
Spinatlasagne 144
Tandoori-Hähnchen mit Gemüsereis 50
Wirsing mit Kartoffelplätzchen 158

11 ProPoints Wert

Chicorée im Kasselermantel 164
Crêpes mit Vanillebeeren 229
Gemüse-Nudel-Auflauf 146
Rinderroulade mit Rosenkohl und Kartoffeln 60
Schmorbraten mit Rosmarinsauce 58
Schweinefilet mit Kartoffelgratin 54
Würziger Kartoffelkuchen 108

12 ProPoints Wert

Paprika-Lauch-Auflauf 165
Puffer mit Tomatenquark 96
Putenrolle mit Rosmarinkartoffeln 44
Spargel mit Lachssteaks 88

13 ProPoints Wert

Kartoffel-Lauch-Waffeln 100
Lachsfilet mit Fruchtsauce 80
Ravioli mit Ricotta-Spinat-Füllung 136